黃方에 올라 完山을 보다

黃方에 올라 完山을 보다

초판발행일	2021년 11월 23일
지 은 이	이종철
발 행 인	김선경
책 임 편 집	김소라·이순하
발 행 처	서경문화사
주 소	서울시 종로구 이화장길 70-14(204호)
전 화	743-8203, 8205 / 팩스 : 743-8210
메 일	sk8203@chol.com
신 고 번 호	제1994-000041호
ISBN	978-89-6062-238-8　　　03910

정가 17,000원

黃方에 올라 完山을 보다

이종철 지음

서경문화사

책을 내면서

이 책은 전주를 일컫는 완산(完山)의 역사·문화를 주제별로 살펴보고자 엮은 것이다. 책에 담긴 내용들은 필자가 오랜 시간을 두고 생각해 왔던 주제들과 새롭게 찾아낸 학술자료들이다. 전라북도의 역사·문화와 관계되는 필자의 논문, 간간이 써 왔던 칼럼, 시, 글씨, 그리고 그림들을 담아 다채롭게 엮었다. 어쩌면 시간이 흘러 가면서 사라질 수도 있는 흔적들이지만, 기회가 되어 한 권의 책으로 내놓게 되었다. 그러나 자료의 부족과 추론의 한계로 인해 좀 더 날카로운 통찰력과 좀 더 세심한 역사적 접근에 박차를 가하지 못한 것에 여전히 아쉬움이 남는다.

이러함에도 용기 있게 책을 낸 것은 단 한 가지 이유에서다. 박사학위를 받은 뒤 어디선가 샘솟던 작은 결심은 지역사회의 역사와 문화에 대한 밀도 있는 접근이었다. 부지런히 발품을 팔아서 지역의 역사·문화콘텐츠를 차근히 정리하고 쉽게 풀어내는 것이 본연의 연구와 궤를 같이하는 것이라고 생각했기 때문이다. 하여 잘 알려진 것보다는 새롭게 찾은 자료와 내용들을 중심으로 엮게 되었다.

이 책은 文詩書畵를 주제로 완산의 역사에 접근하였다. 전주 황방산에 있는 황방고성 각석에서 아이디어를 얻었다. 조선시대 때 황방고성 안에 집과 서재들이 있었는데, 서재의 이름을 章(문장), 愛(사랑), 烈(위엄), 男(남성), 效(본받음)라는 글자로 헤아렸다고 한다.

文에는 필자의 칼럼과 논문을 담았다. 2021년 3월부터 게재하기

시작한 새전북신문의 「전북의 창」 칼럼들이 중심을 이룬다. 칼럼의 한정된 분량 때문에 더 이야기 하지 못했던 내용을 사진과 함께 살을 붙였다. 그리고 전라북도의 청동기시대 주역인 송국리형문화에 대한 논문을 별도로 추가하여 좀 더 자세하고 심화된 선사시대의 문화를 살펴볼 수 있도록 하였다.

詩에는 고고학과 역사적 풍경이 그려지는 몇 수의 시를 넣었다. 완산의 땅에 묻힌 과거의 흔적들을 발굴하는 고고학도의 두렵고 설레는 마음도 꺼내보았다. 고고학과 역사를 공부하는 과정에서 어렵고 고민스러웠던, 그렇지만 보람되고 의미 있던 순간들을 회고하면서 완산과 그 주변의 풍광을 함께 상상해보는 장으로 삼았다.

書에서는 글자를 통해 완산의 역사와 문화콘텐츠적 가치를 살펴보고자 하였다. 필자의 붓글씨를 세상에 내놓는다는 것이 부끄럽고 두렵지만, 글자 속에 녹아 있는 완산의 역사를 함께 느껴볼 수 있는 계기를 마련해보고자 하는 작은 소망이 담겨 있다. 무엇보다도 '글씨가 곧 그림이요, 그림이 곧 글씨'라는 오묘한 이치를 접해볼 수 있는 기회가 될 것으로 기대한다.

畵는 불완전하게 조사되는 고고학 자료를 바탕으로 2차원적 그림에 생명을 불어 넣어 3차원의 감성을 독자들과 함께 느껴보고 싶은 마음에서 구상한 것이다. 그림은 장황한 설명이 필요 없는 답과 같은 것이어서 어려운 고고학적, 역사적 설명을 쉽게 이해시킬 수 있는 장점이 있다. 더 많은 고고학·역사 자료를 그림으로 소개하여 선사·고대 문화를 좀 더 쉽고 친근하게 접할 수 있는 동력으로 삼고자 한다.

필자의 졸고가 책으로 출간될 수 있도록 도와주신 서경문화사 김선경 대표님과 편집팀에 지면을 빌려 진심으로 감사드린다. 아울러 책을 쓰는 동안 아내와 아이들의 인내와 도움에도 큰 고마움을 표한다. 그리고 앞으로 지역사회의 역사와 문화 진흥을 위한 더 행복한 발품을 기약해본다.

2021년 10월
乾止 實學齋에서
이종철 씀

차 례

文

2600여 년 전의 여의동 탄소산업단지는
全州 文明의 오리진

　　전주는 후백제의 도읍이었고, 조선왕실의 본향으로 발전해왔다. 본디 전주는 완산(完山)이라 일컬어 왔지만, 757년(경덕왕 16년)에 완산주가 전주로 개칭된 이래 견훤이 후백제를 완산주에 도읍했다거나 고려 때 전주를 안남대도호부로, 조선 태조 때 완산유수부로 다시 고쳐 부르는 과정이 있었다. 1403년(태종 3)에 전주부로 개칭되면서 비로소 변함없는 전주로 뿌리내리게 되었다.

　　사람들은 혈연을 기반으로 공동체를 탄생시켰다면, 도시는 공간을 기반으로 역사를 만들어갔다. 21세기 최첨단 산업화를 이루어 가는 지금의 전주. 그리고 그곳에 살고 있는 우리. 지금의 전주를 있게 했던 그 오리진은 언제부터 였을까?

　　전주의 중심은 조선시대 이래 전주성이 자리하는 일원이었다. 전주천을 배경으로 건지산, 승암산, 천잠산, 황방산 등을 병풍삼아 발전을 거듭해왔다. 그러나 공간을 매개로 이와 같은 발전과 번영을 이룩한 시대는 청동기시대까지 올라간다. 그곳은 바로 황방산 북쪽에 자리하는 여의동2가 일원으로 탄소산업단지 일대에 해당한다. 지금은 여의동2가로 행정지명이 바뀌었으나 발굴조사가 이루어지던 때만 해도 동산동이었고, 발굴조사 보고서도 동산동 유적으로 발간되었다. 이에 혼동을 피하기 위해 여기서는 부득이 동산동으로 표기한다.

　　동산동에는 기원전 7~6세기를 전후하는 시기에 만경강 유역권에

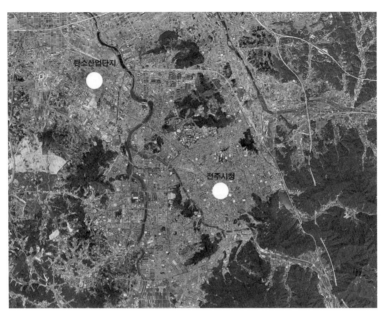

위성으로 본 전주시(카카오맵 위성지도)

서 가장 큰 지역공동체가 존재하고 있었다. 고고학에서는 이러한 유
적을 취락(聚落) 또는 마을이라고 지칭한다. 상대적인 관점으로 보
면, 지금의 도시(都市)라고 하여도 무리는 아니다. 도시는 일정 지역
의 정치·경제·문화의 중추를 이루면서 사람들이 많이 모여 살던 곳
을 의미하기 때문이다. 이곳은 황방산 자락이 북쪽으로 뻗어 있는
최말단부로서 드넓은 충적대지를 배경으로 야트막한 평지성 구릉을
형성하고 있었다. 해발고도가 13~14m이므로, 바닷물이 들어왔다
고 하는 삼례 들판이 6~10m인 점을 감안하면 대조(大潮) 때의 당시
풍광을 짐작해볼 수 있다.

청동기시대의 동산동 취락은 남쪽 마을(南마을)과 북쪽 마을(北마

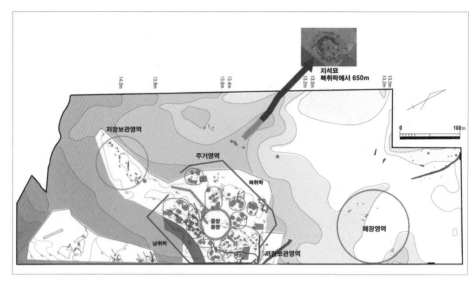

청동기시대의 동산동 취락(이종철 2021)

을)로 구분된 하나의 큰 마을이었다. 마을에는 60여 채 이상의 집들
이 존재했으며, 동서 약 200m 남북 약 140m 범위로 조성되었다. 두
마을은 각각 5채 내외의 집이 옹기종기 모인 군락을 형성하였는데,
남마을은 6개 군이고 북마을은 5개 군으로 이루어졌다. 집들은 초대
형-대형-중형-소형으로 구분되며 세대와 가구가 끈끈한 결속력을
유지했던 것으로 추정된다. 당시의 집은 바닥이 네모나거나 둥근 형
태로 지어졌는데, 송국리형 집자리로 널리 알려진 주거양식이다. 부
여 송국리에서 유래하여 붙여진 이름이다. 특히 남마을에는 우리나
라에서 가장 큰 송국리형 집자리 1위(60.7㎡, 18.4평)와 2위(59.5㎡,
약 18평)가 존재한다. 당시 일반적인 주거 면적이 20~25㎡(7평 내외)
내외였던 점을 고려하면, 3배에 가까운 규모인 것이다.

남마을과 북마을의 중앙에는 직경 50m 가량의 광장이 조성되어
있었고, 크고 작은 골목이 광장과 자연스럽게 연결되었다. 광장에

상 동산동 고인돌이 있는 난산형의 동산(사진 필자)
하 동산동 고인돌 _ 고인돌 뒤로 전북여고가 보인다. (사진 필자)

서는 남마을과 북마을의 경쟁을 장려하여 우열을 가리게 하거나 공
동체의 통합을 위한 의례가 거행되었다. 광장의 서쪽과 동쪽에는 구
덩이를 파서 작물이나 일상생활용품 등을 보관·저장하는 많은 수의
구덩이식 저장고가 밀집 분포하였다. 당시 농사를 지었던 밭이나 논
은 확인되지 않았지만 주변에서 조사될 가능성이 높기 때문에 기대
해 볼 만하다.

　북마을에서 북쪽으로 650여 미터 지점에 있는 난산형의 구릉 정
상부에는 유력자의 무덤인 고인돌 1기가 조성되었고, 북동쪽으로

100여 미터 지점에 널무덤[土壙墓]과 독무덤[甕棺墓]이 군을 이루는 공동묘지가 존재하였다. 고인돌이 있는 난산은 야트막한 능선으로 북마을과 이어져 있었기 때문에 유력자를 저승으로 보내는 장송의례 행렬을 그려볼 수 있다. 지금의 관점에서 보면, 상여를 메고 곡을 하면서 장지로 가는 길로 묘사할 수 있겠다.

황방산과 전주천 및 삼천 주변에는 크고 작은 청동기시대 마을들이 분포해 있었다. 남쪽에서부터 중인리-효천지구-효자동2가-효자동3가-팔복동 및 송천동에 일반적인 마을이 조성되어 있었고, 전주천 하류의 드넓은 충적대지를 배경으로 대규모 마을인 동산동 취락이 자리했던 것이다. 당시 동산동 취락은 황방산 일원의 크고 작은 마을들을 호령했던 거점마을이었다. 동산동 취락은 고고학이 찾아 낸 전주 최초의 도시로서 전주 문명의 오리진이었던 것이다. 아직까지 만경강 유역에서 이와 같은 유적은 찾아볼 수 없다.

탄소산업단지는 장차 전주 산업의 메카로 성장할 가능성이 매우 높다. 따라서 탄소산업단지는 전주의 오리진이자 미래나 다름없다. 이러한 역사적인 공간을 산업화 위주로 계획하는 것은 전주의 성장 동력을 제대로 활용·홍보하지 못하는 결과를 초래할 것이다. 기왕 첨단산업지구로 육성할 것이라면 그에 걸맞는 역사적인 옷을 입혀줌으로써 좀 더 기품있는 도시의 이미지를 살려낼 수 있지 않을까?

2021.6.18. 새전북신문 「전북의 창」

2016, 『청동기시대 송국리형문화의 전개와 취락 체계』, 진인진.

2020, 「청동기~철기시대 전북 지역의 정치세력」, 『전북사학』 58호.

2020, 「전주 황방산 일원 청동기시대 유적의 분포 현황과 특징」, 『전주 황방산 및 완주 갈동 유적 일원 유적 분포 현황 조사 보고서』, 국립완주문화재연구소(공저).

2021, 「송국리형문화의 취락사회와 사회발전 양상」, 『한국청동기학보』 28호.

황방산 봄바람은
고인돌 주인들의 賞상春춘曲곡

바야흐로 상춘(賞春)의 계절이다. 춘삼월 봄바람에 동백꽃도 발
갛게 방긋거리니 조물주의 뛰어난 솜씨가 만물에서 야단스럽다. 좋
은 산, 예쁜 꽃을 찾아 봄 향취를 즐기기에 이만한 계절이 또 있을
까. 봄바람 불어오는 전주의 황방산으로 발길이 옮겨지는 것도 그
이유다.

황방산은 전주의 서쪽을 아우르는 산이다. 이 산의 한자 표기는
黃方山, 黃埅山, 黃尨山, 黃榜山 등 여럿이며, 홍산(洪山), 서고산
(西高山)으로도 불렸다. 이러한 여러 이름을 뒤로 하고 지금은 黃尨
山이 권장되고 있다. 정확한 시기는 알 수 없지만, 누런 털의 살진
삽살개 형상의 황방산이 전주 서쪽의 지기(地氣)를 수호한다는 풍수
지리에 근거한다. 역사적으로 다툴 여지는 있지만, 멋진 스토리텔링
이 아닐 수 없다. 그러나 1648년의 사실을 1808년에 새겨 놓은 황방
고성각석에는 黃方이라 기록되어 있고, 1932년에 지어진 여의송계
기념비 아래의 고인돌에는 黃榜山牛岩이라 쓰여진 사실은 알고 가
야 할 듯하다. 아마도 황방(黃方)은 완산의 중앙을 일컫는 말로 가장
오래된 명칭이 아니었을까 추측해본다.

황방산에는 청동기시대의 고인돌 4기가 분포한다. 북쪽에서부
터 살펴보면, 덕진경찰서 남쪽에 있는 납암정 옆에 1기, 여의송계
기념비가 설치된 황방산우암 각석 1기, 황방산 정상부에서 남쪽으

로 조금 내려가면 절반으로 갈라져 아슬아슬하게 서 있는 1기, 그리고 전주 효자 야구장 근처 경사면에 1기가 있다. 이 고인돌들은 거의 500여 미터 간격을 두고 능선을 따라 분포하며, 큰 바위를 지탱하는 고임돌[支石]이 있는 것이 특징이다. 이러한 형태의 고인돌을 바둑판과 비슷하다고 하여 기반식 또는 남방 지역에 주로 분포한다고 하여 남방식으로 부른다. 어찌 되었건, 황방산 꼭대기에 고인돌이 존재한다는 사실은 매우 중요한 학술적 가치가 있다. 뿐만 아니라 황방산 밑에 분포하는 만성동 고인돌 떼, 두현 고인돌, 그리고 원만성·여의동·팔복동·동산동으로 이어지는 고인돌과의 관련성도 주목할 만하다. 황방산을 중심으로 반경 5km 내에 분포하는 19기의 고인돌 중 13기가 황방산에 밀집해 있다는 조사결과에 비추어 봐도 황방산의 고인돌은 등산로 옆에 있는 큰 바위가 아니라 전주를 배경으로 살다간 청동기시대의 유력자를 만날 수 있는 타임슬립(time slip)의 배경인 것은 분명하다.

전주 황방산 전경 _ 남쪽에서(사진 차인국)

상 **황방산 정상부에 자리하는 고인돌** _ 왼쪽부터 납암정 고인돌, 황방산우암 고인돌, 상석이 절반으로 갈라
진 고인돌(사진 필자)

하 **황방산 일원 고인돌의 분포** _ 2020년 지표조사 때 확인되지 않은 팔복동3가 고인돌 1기를 추가하여 새롭
게 작성한 분포도이다. 19기의 고인돌 중 13기가 황방산에 밀집하여 분포하고 있다.

01 황방산 지석묘1 06 만성동 지석묘군 11 동산동 지석묘
02 황방산 지석묘2 07 팔복동3가 지석묘 12 건지산 지석묘
03 황방산 지석묘3 08 원만성 지석묘 13 모과동 지석묘
04 황방산 지석묘4 09 여의동 지석묘
05 두현 지석묘 10 팔복동 지석묘

황방산에 마련된 등산로는 훌륭하게 조성되어 있다. 고인돌에 대
한 안내판과 운동시설까지 설치되어 있어 등산객들로부터 호평을
받고 있기 때문이다. 다만 고인돌의 역사성과 홍보성이 상대적으로
부각되지 않아 아쉬움이 남는다. 이 고인돌들은 시기적으로 만성지

구에서 조사된 청동기시대 마을 또는 동산동(현재는 여의동)에서 발굴조사된 대규모 청동기시대 마을과 연관될 가능성이 있다. 따라서 당시 마을의 정치·경제·사회체제를 쥐락펴락했던 유력자의 무덤을 황방산 정상에 조성했다는 것은 유력자의 매장지로서 가장 위계가 높았을 가능성이 있다는 것을 의미한다. 요즘 말로 '핫플레이스'였던 것이다. 특히 황방산 북쪽 자락이 희미하게 뻗어 있는 동산동 유적에서는 난산(卵山) 모양의 동산(童山) 봉우리에 고인돌 1기가 존재한다는 사실이 최근 지표조사에서 드러났다. 이 동산은 청동기시대의 거점 마을인 동산동 유적을 호령했던 유력자들 중 단 한 명을 위한 매장지였던 것이다.

이에 전주 황방산의 격을 더욱 높이는 차원에서 고인돌을 매개로 하는 고인돌길을 조성하여 상춘객과 등산객에게 전주의 품격을 보여줄 필요가 있다. 나아가 여의동 탄소산업특성화지구 내에 고인돌 동산과 유력자를 만나러 가는 길을 연계하여 21세기 최첨단 산업의 가치와 청동기시대 최상위에 있던 유력자의 역사·문화적 가치를 함께 가꿔간다면 전주의 문화산업을 성장시키는 원동력이 될 것이다. 상춘객들을 역사문화 위락시설로 경유하게 하여 그들의 눈으로 문화유산을 보호할 수 있게 권장하는 것은 의미있는 일이다. 지금으로부터 2500년보다 더 오래 전으로 들어 갈 수 있는 시간여행의 길이자 문이 시민들에게 열렸으면 좋겠다. 아는 사람만 볼 수 있는 문(門). 이제는 시민 모두가 고인돌 주인들의 상춘곡을 흥얼거리며 그 문을 열고 들어가 볼 수 있기를 기대한다.

2021. 04.22. 새전북신문 「전북의 창」

도움글

2020, 「청동기~철기시대 전북 지역의 정치세력」, 『전북사학』 58호.

2020, 「전주 황방산 일원 청동기시대 유적의 분포 현황과 특징」, 『전주 황방산 및 완주 갈동 유적 일원 유적 분포 현황 조사 보고서』, 국립완주문화재연구소(공저).

2021, 「송국리형문화의 취락사회와 사회발전 양상」, 『한국청동기학보』 28호.

새로 찾은 고인돌,
말고개 고인돌

　황방산은 전주천과 삼천을 배경으로 살아갔던 청동기시대 사람들에게는 매우 의미 있는 산이었다. 황방산 정상부에는 3기의 고인돌이 500여 미터 거리를 유지하여 축조되어 있고, 산 아래에도 10기의 고인돌이 분포해 있기 때문이다. 황방산을 중심으로 반경 5㎞ 내에서 13곳 19기의 고인돌이 확인되었는데, 황방산에만 7곳 13기가 분포해 있으니 그 위상을 알 만하다. 이러한 고인돌의 분포가 2020년 꽃피는 봄에야 비로소 파악되었으니 아직도 할 일이 많다.

　황방산 아래에 분포하는 고인돌은 네 지점에서 확인된다. 한 곳은 만성동 고인돌 떼로, 6~7기가 존재하는 것으로 보고되었으나 대부분 파괴되어 없어졌고 단 1기만 남아 있다. 다른 한 곳은 만성동 고인돌 떼에서 멀지 않은 곳에 있는 두현 고인돌이다. 이 고인돌은 황방산 주변에서 확인되는 고인돌 가운데 가장 듬직하고 점잖게 생겼다. 두현 마을이 인근에 있기 때문에 붙여진 이름이다. 고인돌의 서쪽으로 200m 쯤에는 두현지(斗峴池)가 있고, 38m 쯤에는 신○○ 씨 무○○파 가족묘가 조성되어 있다. 나머지 두 곳은 팔복동3가에 위치한 감천사의 북쪽 구릉과 효자동3가에 있는 전주효자야구장 인근의 구릉이다.

　두현은 본디 말 두(斗)와 고개 현(峴)을 쓰고 있어 곡식의 양을 재는 말[斗]과 산을 넘어 가는 고개가 서로 어울려서 만들어진 이름임

말고개 고인돌 전경 _ 고인돌의 뒤로 황방산이 보인다.(사진 필자)

을 알 수 있다. 이러한 정황을 증명하기라도 하듯 바로 인근 고갯마
루에 납되기 바위가 위치한다. 되바위(바우) 또는 말바위(바우)라고
도 불리는 이 바위에는 한 되 크기만 한 네모난 구멍이 파여 있다.
마을 사람들이 고개를 넘어 전주장에 갈 때 이 바위에서 곡식의 양
을 정확히 측정하고 갔다는 이야기가 전해온다. 이와 같은 사연을
담고 있기 때문인지 말고개라는 이름에서는 뭔가 정감어린 고졸한
맛이 난다. 2020년에 두현 지석묘(고인돌)로 정식 보고되었지만, 여
기서는 말고개 고인돌로 이름한다.

　말고개 고인돌은 황방산에 자리하는 일원사에서 북서방향으로
뻗어 나온 구릉의 중간 지점에 우뚝 서 있다. 주변 경관을 조망하기
에 아주 좋은 입지로, 만성동 일원에서는 가장 높은 위치에 있는 고
인돌에 해당한다. "여기는 내 땅이고, 내가 주인이야~"라고 묵직한
경고를 날리는 것처럼 느껴질 정도다. 꽃피는 봄날 멀리서 바라 본
말고개 고인돌은 풍채가 좋고 위엄 있는 장군이 고갯마루에서 세상
을 호령하는 듯한 인상이었다.

말고개 고인돌을 새로 찾은 조사자들 _ 2020년 3월 7일은 황방산 일원에 꽃망울이 터져 봄기운으로 가득 찬 화창한 날이었다. 고인돌 뒤로 봄꽃이 축포를 터트리고 있다.(사진 필자)

말고개 고인돌은 고임돌[支石]이 상석을 받치고 있는 기반식(碁盤式)이다. 상석의 장축은 능선 방향과 직교하며, 평면형태는 타원형에 가깝지만 몸통이 수직면을 이루고 있어 육면체와 같은 육중하면서도 경쾌한 형상이다. 상석의 길이는 270㎝, 너비는 170㎝, 두께는 160㎝를 이룬다. 상석에는 고인돌에서 일반적으로 발견되는 성혈이 존재한다. 그리고 후대에 새겨 놓은「斗峴」이라는 글씨도 확인된다.

이렇게 잘 생긴 고인돌이 그동안 보고되지 않은 채 초야에 묻혀 있었던 것은 의문이 아닐 수 없다. 최근까지 공식적으로 발간된 자료나 인터넷상에서는 전혀 찾아볼 수 없었기 때문이다. 그야말로 허허벌판에서 천하영재를 발견한 것과 진배없는 일이다.

황방산 일원에서 확인되는 고인돌들은 모두 기반식이라는 공통점이 있다. 이러한 고인돌은 시기적으로 송국리형문화와 밀접한 관련이 있어 보인다. 황방산 일원에서 조사되는 청동기시대 유적 대부분이 송국리형문화기에 해당되기 때문이다. 송국리형문화인들은 여러 형태의 무덤을 사용하였는데, 고인돌은 그들의 대표적인 무덤이다.

전주와 완주권에는 많은 고인돌이 분포해 있으며, 야산의 말단부에 밀집 분포하는 특징을 보인다. 고인돌은 대체적으로 만경강 서부 지역에는 거의 분포하지 않는 반면, 전주와 완주 등 동부 지역으로 갈수록 그 수가 급격하게 증가하는 양상이다.

말고개 고인돌이 일대에서 어떤 사회적 위계를 가졌는지는 알 수 없지만, 공간을 달리하여 분포하는 소수의 고인돌이라는 점에서 동산동 고인돌과 같은 유력자의 무덤이었을 가능성이 있다. 모든 고인돌을 유력자의 무덤으로 간주하는 것은 무리이지만, 공간 대비 고인돌의 수를 고려하면 어느 정도 수긍이 간다.

앞으로 황방산 고인돌에 대한 많은 관심과 보존 조치를 통해 황방산과 고인돌의 관계가 좀 더 해상도 높은 연구결과로 이어지기를 고대한다. 이를 위해서는 무엇보다도 학술발굴조사가 선행되어야 하는데, 뚜렷한 목적성을 설정하기가 쉽지 않은 형편이다. 특정 사업구역에 포함되어야만 발굴조사가 이루어질 수 있으니 말이다.

동산동 고인돌이나 말고개 고인돌처럼 애써 발품을 팔아 세상에 알려 놓았지만, 정작 남 좋은 일 시키는 것은 아닌지 우려의 마음도 깊다. 그럼에도 적극적으로 알리려고 하는 것은 자연친화적인 콘텐츠 개발 노력이 탄력적으로 힘을 받아 황방산의 고인돌들이 품격 있게 연구되고 홍보되기를 바라는 절실한 마음 때문일 것이다.

도움글

2020, 「전주 황방산 일원 청동기시대 유적의 분포 현황과 특징」, 『전주 황방산 및 완주 갈동 유적 일원 유적 분포 현황 조사 보고서』, 국립완주문화재연구소(공저).

2021, 「만경강 유역권 청동기시대 문화」, 『호남지역 청동기시대 재조명』, 국립나주문화재연구소·국립완주문화재연구소·한국청동기학회.

전라북도문화원연합회, 2015, 『전북의 돌문화』.

2000년의 인연,
韓의 제사장과 조선 무당의 만남

전주 만성지구에는 우리에게 잘 알려져 있지는 않지만 전라북도 차원에서는 매우 중요한 역사적 편린이 발견된 곳이다. 그리고 소설이나 영화에서 볼 법한 흥미로운 이야깃 거리가 있는 장소이기도 하다. 지금이야 법조단지 조성 등 도시개발사업으로 고층 아파트가 즐비한 주거지역으로 변하여 가늠이 안 되지만, 10여 년 전만 하더라도 이야기의 배경이 되는 야트막한 산과 들이 오롯이 남아 있었다.

오늘의 주인공은 고고학에서 적석목관묘(積石木棺墓 : 깊게 땅을 파고 목관을 안치한 후 중간에 뚜껑을 덮은 뒤 일정한 넓이와 높이로 돌을 쌓은 다음 흙으로 봉분을 조성한 무덤)로 불리는 무덤의 주인이다. 이 무덤은 전라북도에서 처음으로 조사된 것이어서 한국고고학계에 길이 남을 유적 중 하나였다. 국보 제143호 청동유물이 출토된 전라남도 화순 대곡리의 무덤과 동일한 계통으로서, 규모로 치면 대곡리 무덤보다 훨씬 크다. 한 변의 길이가 4m 남짓의 네모난 구덩이를 4m 이상의 깊이로 파서 매장을 했기 때문이다. 비록 다종다양한 완형의 청동기는 출토되지 않았지만, 무덤은 웅장함과 경외감 그 자체였다. 무덤 내부에서는 작디 작은 청동거울 편 1점, 청동검 편 2점, 옥 56점, 작은 항아리 등이 출토되었다. 대략 기원전 3세기를 전후하는 시기에 조성된 것으로 추정된다. 이 무덤의 주인공은 지금으로부터 2300여 년 전에 전주·완주 일원에서 유명세를 떨쳤던 천군(天

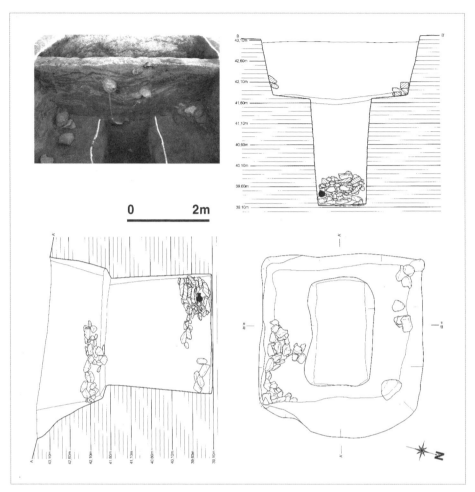

0　　　2m

전주 만성동에서 조사된 韓의 제사장 무덤(전북문화재연구원 2018)

君)과 같은 성격의 제사장으로 추정된다.

　　중국의 사서인 『삼국지』의 「동이전」에는 우리나라와 관련되는 「한 전(韓傳)」, 「진한전(辰韓傳)」, 「변진전(弁辰傳)」이 있다. 「한전」에는 마 한의 역사와 문화가 서술되어 있는데, '귀신을 믿기 때문에 국읍(國 邑)에 각각 한 사람을 세워서 천신(天神)의 제사를 주관하게 하였으니 그를 천군(天君)이라 부른다. 또한 여러 나라[諸國]에 각각 별읍(別邑)이 있는데 이를 소도(蘇塗)라 하였고, 큰 나무를 세우고 방울과 북을 매달아 놓고 귀신을 섬긴다'고 하였다.

진수(陳壽 233~297)가 삼국지를 편찬한 때는 서기 3세기 후반의 일이지만, 과거의 일들과 기록을 바탕으로 후대에 작성한 것이므로 진수의 기록에는 기원전 3~2세기 때의 정황이 자연스럽게 녹아 있었던 것으로 추정된다. 이 기록을 참조한다면, 2300년 전의 만성동은 그야말로 하늘과 인간의 교감을 이룬 신성한 제사장의 정신적 고향인 셈이다. 그리고 무덤의 주인공은 현세의 명성과 권세를 누리다가 이 곳에 영원히 잠든 것이다. 그의 무덤 위치는 현재 양현초등학교 운동장 ○○지점에 해당한다.

그런데 이렇게 신성했던 구릉에서 조선시대 무당의 묘[土壙墓]가 조사된 것이다. 특히 만성동의 제사장 무덤과 같은 능선에서 확인됨으로써 속칭 '신(神)빨'이 통했던 것은 아닌지 의문이 들 정도다. 다만 구릉의 지형상 제사장의 무덤은 서쪽의 기지제 방향을, 무당의 묘는 북동쪽을 향해 조성된 점이 다를 뿐이다. 무덤에서는 피장자가 무당이었음을 말해주는 8개의 방울[巫鈴]을 비롯하여 유리구슬 13점, 청동으로 만든 종지 1점이 출토되었다. 방울은 금속제 자루가 없는 것이 특징인데, 끈으로만 묶어 사용했거나 나무 손잡이를 활용했을 가능성이 있다. 무덤에서는 시기를 결정지을 만한 유물이 출토되지 않아 정확한 연대는 알 수 없지만, 제사장의 무덤과는 대략 2000년 정도의 시간차가 있을 것으로 생각된다. 그/그녀가 얼마만큼 신통했는지는 알 수 없다. 그러나 조선시대 때 만성동 일원에 터를 잡았던 무당임에는 분명하다. 무덤의 위치는 현재 만성동 ○○○

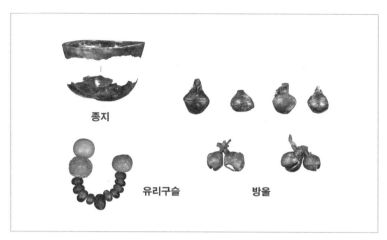

종지

유리구슬　　　　방울

전주 만성동 조선시대 무당의 무덤에서 출토된 유물(전북문화재연구원 2018)

아파트 103동 앞마당에 해당한다.

　두 무덤의 주인공이 무슨 인연이 있어서 호들갑이냐고 하겠지만, 보통 인연은 아닌듯싶다. 왜냐하면 서로 다른 시대에 존재했던 서로 다른 사람이 같은 운명으로 같은 마을에서 같은 일을 하다가 같은 장소에 묻힐 확률은 가늠하기 어렵기 때문이다. 신기함과 섬뜩함을 동시에 느낄 수 있는 접점인 것이다. 두 사람의 공통점은 신을 섬기고, 세상과 세인의 길흉화복을 예지하는 공간에서 최고의 위치에 있었다는 것이다. 그들이 당대에 어떤 큰일을 했고 어떤 기여를 했는지는 알 수 없지만, 신의 영역에서 명성과 권력을 행사했음은 부정할 수 없으리라. 과연 어떤 이들의 평행이론이었을까?

2021.5.21. 새전북신문 「전북의 창」

도움글

2020, 「청동기~철기시대 전북 지역의 정치세력」, 『전북사학』 58호.
전북문화재연구원, 2015, 『全州 東山洞 靑銅器時代 聚落』.

마한의 계절 축제와
입대목 제의(立大木 祭儀)

우리는 마한의 땅에서 살아가고 있는 21세기 전북도민이다. 전라 북도는 청동기시대를 꽃피운 송국리형문화의 주요 무대였고, 기원 전 2세기를 전후해서는 청동기와 철기가 복합되는 청동기문화의 절 정을 이룬 곳이며, 우리가 잘 알고 있는 마한의 터전이었다.

다들 알다시피, 마한은 삼한의 하나로서 경기·충청·호남 지역 에 분포해 있었다. 삼한에 대한 정보는 중국 사서(史書)에서나 찾아 볼 수 있는데, 서기 3세기 후반에 편찬된『삼국지』의「위서 동이전」, 5세기 중반의『후한서(後漢書)』「동이열전」, 7세기 중반의『진서(晉 書)』「동이열전」이 그것이다.

『삼국지』「위서」의〈동이전〉에는 한전(韓傳)이 있다. 이 기록에 의 하면, 마한은 55개의 나라[國]가 각 지역에 터를 잡고 있었다. 그러 나『후한서』에는 54개 나라로 기록되어 있고, 동일한 내용이『삼국유 사』에 인용되었다. 나라의 흥망을 생각하면, 1개 차이의 기록은 대 수롭지 않을 수도 있다. 중요한 것은 중국의 두 사서 모두에서 같은 내용의 마한 계절제(季節祭)와 소도(蘇塗) 제의(祭儀)가 존재한다는 점이다.

두 사서에 의하면, 마한에서는 5월에 씨를 뿌린 후와 10월에 농 사를 마친 후에 귀신에게 제사를 지냈다고 한다. 당시의 기록은 음력이었을 것이므로 지금의 관점에서는 6월과 11월 즈음으로 볼

중국 묘족의 고장축제(鼓藏祝祭) _ 중국 귀주성의 묘족 마을인 랑덕상채(郞德上寨)에서는 마을 내 광장에 나무를 세우고 청동으로 제작한 북을 매달아 연주를 하면서 마을 사람들과 춤을 추는 공동체적 의식을 주기적으로 거행해 오고 있다.(이종철 2015, 2018)

수 있겠다. 이때에 사람들은 떼로 모여서 노래와 춤을 즐기고, 술을 마시고 노는데 밤낮이 없었다. 춤을 출 때에는 수십 명이 모두 일어나 뒤를 따라가면서 땅을 밟고 구부렸다 치켜들었다 하면서 손과 발로 장단을 맞추었다. 우리나라 나이트클럽 문화의 효시라 할 만하다. 이런 가락과 율동은 중국의 탁무(鐸舞)와 비슷하다고 하였다.

한편 여러 나라[諸國]에는 별읍(別邑)이 있는데, 소도(蘇塗)라고 불렀다. 그곳에 큰 나무를 세우고 방울과 북을 매달아 놓고 귀신을 섬겼고, 소도로 도망온 사람은 누구든 돌려보내지 않고 보호해주었

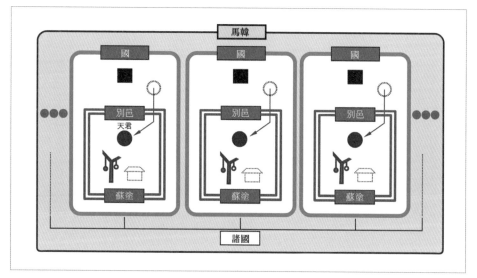

마한의 소도 모식도(이종철 2018)

다고 한다. 명동성당이나 조계사에 숨어든 정치·사회적 이슈의 인물을 경찰이나 검찰에 내어주지 않는 것도 소도의 오랜 전통이 녹아 있는 것이라 볼 수 있다. 이는 신의 경계에 대한 인간의 불가침을 의미하는 것이기 때문이다.

소도에서 귀신에게 제사를 지내면서 행한 입대목현령고(立大木縣鈴鼓 : 큰 나무를 세우고 방울과 북을 매다는 것)는 마한의 제사를 시각적으로 묘사해주는 매우 중요한 기록이다. 『삼국지』에는 立大木으로, 『후한서』에는 建大木으로 쓰여 있기 때문에 다른 곳에 있는 큰 나무를 잘라다가 소도에 '(구덩이를 파고) 세웠다'고 볼 수 있으므로 특정 나무에 대한 마한인들의 관념세계를 살펴볼 수 있다. 특히 소리를 내는 방울과 북을 매달아서 신을 섬겼다고 하니 당시 신을 부르고 받아들이는 접신법(接神法)을 알 수 있는 대목이다.

방울과 북을 이용한 제사는 지금도 우리 주변에서 쉽게 볼 수 있다. 그리고 큰 나무 신앙은 성황목을 통해 간접적으로 짐작할 수 있다. 21세기를 살아가는 우리에게 이러한 미신적 기록과 행위는 논리적으로 와닿지 않을 수도 있다. 그럼에도 불구하고 1700여 년 전에 중국에서 우리나라의 습속을 자세히 기록해 놓았다는 점은 민족지적 관점에서 소홀히 다룰 수 없는 대목이다. 과거 우리의 땅에서 벌어진 '찐' 생활상이기 때문이다.

5월과 10월에 행해진 계절제가 소도에서 행해졌는지 아니면 큰 마을 단위로 행해졌는지는 문단의 연결성이 분명하지 않아 정확히는 알 수 없다. 다만, 신을 섬기고 신에게 제사를 지내는 대표성과 상징성을 고려한다면, 소도의 입대목 제의와 관련될 가능성도 완전히 배제할 수는 없을 것 같다. 만약 이러한 추론이 가능하다면, 소도는 매년 봄과 가을마다 축제가 벌어지는 핫플레이스였음에 분명하다.

마한의 계절제와 소도의 입대목 제의는 우리의 기록이 아닌 중국 사서에 나오는 기록이라 아쉬운 점은 있지만, 우리 지역과 밀접한 관련이 있다. 입대목 제의 문화는 진안 용담댐 수몰 지역에서 조사된 정천면 여의곡 유적과 전주 평화동 대정Ⅳ 유적에서 발견되었다는 연구 결과가 있어 그 전통성이 청동기시대까지 거슬러 올라갈 가능성도 배제할 수 없다. 무엇보다도 전북혁신도시에서 조사된 완주 갈동과 신풍 유적은 마한과 직접적인 관련이 있기 때문이다. 또한 고창 죽림리의 환구(環溝, 도너츠 모양처럼 둥글게 판 도랑)와 익산 영등동에서 조사된 다중환구(多重環溝, 여러 겹으로 둥글게 판 도랑) 역시 마한의 제의와 관련될 가능성이 높다. 따라서 마한 역사문화권 특별법에서 제외된 우리로서는 무형문화재감인 마한의 제의 풍습을 공공의 축제로 발전시켜 좀 더 풍성한 마한의 생활사를 정립해갈 필요가 있어 보인다.

2021.08.20. 새전북신문 「전북의 창」

도움글

2015, 「청동기시대 立大木 祭儀에 대한 고고학적 접근」, 『한국고고학보』 96.

2018, 「立大木·솟대 祭儀의 등장과 전개에 대한 試論」, 『한국고고학보』 106.

2021, 「만경강 유역권 청동기시대 문화」, 『호남지역 청동기시대 재조명』, 국립나주문화재연구소·국립완주문화재연구소·한국청동기학회.

국사편찬위원회, 2004, 『中國正史 朝鮮傳』 譯註一.

황방에 올라 완산을 보다,
황방산 고분(古墳)

황방산 정상부에 능선을 따라 3기의 고인돌이 존재하고 있는 것은 이미 잘 알려진 사실이다. 해발고도가 낮기는 하지만, 전주 효자 야구장 인근에도 1기의 고인돌이 더 분포해 있다. 청동기시대에 황방산의 의미가 무게 있게 인식되고 있었음을 짐작할 수 있다.

황방산 정상에서 새로 찾은 고분(카카오맵, 사진 필자)

2020년 봄, 황방산 정상부에서 북동쪽으로 30여 미터 지점에 직경 7~8m, 높이 60㎝ 내외 되는 고분이 존재하고 있음을 확인하였다. 황방산 일원에 대한 지표조사 과정에서 발견한 새로운 고분으로, 지면을 통해 보고되는 것은 이번이 처음이다. 지표면에서 볼록하게 올라온 형상은 흙을 쌓아 봉분을 조성한 것임을 알 수 있다. 또 중앙부가 움푹하게 꺼진 모습은 관을 안치한 공간이 붕괴되면서 함몰되었거나 도굴 등의 훼손 과정이 있었음을 말해준다. 이러한 정황은 고고학적으로 고분(古墳)이라는 추정을 가능하게 한다. 고분의 옆에는 조양 임○○과 부인의 합장묘 1기가 조성되어 있다.

그렇다면 황방산 꼭대기에 대규모 봉분을 가진 무덤이 조성된 이유와 그 주인공은 누구일까? 이에 대해서는 내부 조사가 이루어지지 않았기 때문에 명쾌하게 답할 수는 없다. 다만 고분일 가능성이 매우 높다는 점에서 다음과 같이 추단해볼 수 있겠다.

첫째, 전북혁신도시에서 조사된 기원전 2~1세기의 80여 기 무덤과 관련되는 유력자의 무덤일 가능성이다. 이 시기의 무덤은 관을 안치하는 부분이 빈 공간을 형성하기 때문에 함몰현상이 나타날 수 있다. 특히 황방산 정상부에 위치하고 있는 점은 이들의 최고 위계에 있었던 인물이었을 가능성을 암시해준다. 이러한 추론이 가능하다면 적석목관묘 또는 목관묘 계열의 무덤으로 추정된다.

둘째, 무덤의 규모로 보아 삼국시대 고분일 가능성도 있다. 봉분의 높이가 상대적으로 낮기는 하지만, 산꼭대기라는 점을 고려하면 봉분으로 사용할 흙의 양이 상대적으로 적었을 수도 있다. 특히 무덤 내부가 함몰될 수 있는 구조는 수혈식 석곽이나 파괴된 석실일 가능성이 있겠다. 따라서 백제와 관련되는 무덤으로 좁혀 볼 수 있

마전 고분군 3호분 발굴조사 전경(호남문화재연구원 2008). _본디 3호분은 문학대(전라북도 기념물 제24호)의 기반이었다. 구릉의 끝자락에 볼록하게 솟아 오른 터를 활용하여 정자를 조성했던 것이다. 문학대는 고려 말의 학자였던 이문정(李文矴)이 고향에 내려와 노년을 보낸 집이다. 1357년에 건립되었으나 임진왜란 때 소실된 후 1824년에 후손들이 다시 세웠다.

다. 5세기대로 추정되는 마전 고분군과 서곡지구 석곽묘의 존재는 이러한 추론에 무게를 실어준다. 그리고 실제로 조사는 이루어지지 않았지만, 삼국시대로 추정되는 폐(廢) 고분 2기가 황방산 자락에서 발견되는 점도 하나의 이유가 된다.

셋째, 고려시대 대형 고분일 가능성이다. 야산의 정상부나 능선부에서 조선시대 무덤보다 상대적으로 큰 봉분을 가진 무덤들이 종종 발견된다. 이러한 무덤들은 대부분 고려시대의 고관대작이었거나 지역의 유력 인사였을 가능성이 있다. 황방산 일대에서 고려시대 청자 편들이 발견되는 것은 하나의 근거가 될 수 있다.

이상의 추론은 그야말로 '날것'에 불과하다. 어쩌면 자연적인 지형을 곡해하여 아무것도 아닌 새로운 무언가를 만들어낸 결과일 수도 있다. 그러나 고고학적 발견은 늘 그러한 작위적 위험성에 노출되어 있다. 결국 정식 조사를 통해 그 성격을 밝혀내는 과정이 수반되어야 한다. 다만 이러한 보고가 때를 만나지 못하여 불순한 의도로 접근하는 사람들에 의해 도굴되거나 훼손되는 경우가 적지 않음이 우려된다.

만약 앞에서 추단한 세 종류의 고분 중 하나라면, 황방산 정상부에 대형 고분이 축조된 데에 대한 역사적·문화재적 가치를 확보할 수 있게 된다. 특히 매우 이례적인 장소이면서 단 1기의 무덤이라는 점은 역사적 인물을 특정하는 데 기여할 수도 있다. 뿐만 아니라 황방산 고인돌과 연계한 관광자원화에도 이바지할 수 있는 계기가 될 것으로 기대한다.

전북대학교박물관, 1993, 「서곡지구 시굴조사 결과 보고」

호남문화재연구원, 2008, 『전주 마전유적(Ⅳ)』

完山의 탄생

완산(完山)은 전라북도 전주(全州)의 옛 이름이다. 행정구역상 완주
와는 구별되지만, 본디 전주와 완주를 아우르는 지역이었다. 『삼국사
기』「잡지(雜志)」의 〈지리〉조에는 전주·완주 지역에 완산(完山)을 비
롯하여 두이현(豆伊縣), 우소저현(于召渚縣), 고산현(高山縣), 지벌지현
(只伐只縣)이 있었다고 전한다. 특히 전주에 대한 기록을 「全州本百濟
完山…」이라고 적었기 때문에 완산의 역사는 백제 때까지 거슬러 올
라간다는 것을 알 수 있다. 물론 신라의 관점에서 정리된 지명이기 때
문에 바로 원용하는 것은 무리일 수 있다. 그러나 지명이 갖는 고유성
과 생명력을 고려하면 '백제 때의 완산'으로 읽히는 것은 자연스럽다.

그럼 완산의 연원은 언제쯤일까? 이는 기록이 남아 있지 않아 알
수 없다. 전주부의 역사와 문화를 집대성한 『완산지(完山誌)』에는 신
라 진흥왕 16년(555년)에 완산주(完山州)가 설치되었고, 26년(565년)
에 다시 주를 폐지하였다는 『삼국사기』의 기록이 인용되었다. 그러
나 이 기사는 경상남도 창녕에 대한 설명으로, 백제와는 관련이 없
는 것으로 알려져 있다. 『고려사』「지리」의 〈전주목〉에 '전주는 본
래 백제의 완산으로, 위덕왕 원년(554년)에 완산주가 되었고, 위덕왕
11년(564년)에 주를 폐지하였다'는 기사 역시 마찬가지다. 결국 660
년에 백제가 나당연합에 무너져 신라에 병합된 후 문무왕 12년(672
년)에 완산주서(完山州誓)가, 신문왕 5년(685년)에 완산주(完山州)가
설치되면서 본격적으로 실체가 드러나게 되었다. 이러한 완산주는

경덕왕 16년(757년)에 전주(全州)로 개칭된다.『삼국사기』에 나오는 기록들이다. 이후 900년에는 견훤이 완산주에 도읍하여 후백제를 세움으로써 후삼국시대를 열어 갔다.

주서(州誓)와 주(州)의 설폐 기사 외에 좀 더 시기를 올려 볼 수 있는 역사기록에는 고구려 보덕화상의 남이(南移) 기사가 있다. 보장왕 9년인 650년에 반룡사에 있던 보덕화상(普德和尙)이 고구려의 도교 신봉과 불교 불신 때문에 완산(完山)의 고대산(孤大山)으로 이거하였다는 기록이다.『삼국사기』「고구려본기 보장왕」조와『삼국유사』권3의「보장봉노(寶藏奉老) 보덕이암(普德移庵)」조에 해당한다. 삼국사기에는 '完山 孤大山'으로, 삼국유사에는 '完山州(今全州也) 孤大山'으로 기록되어 있어 차이를 확인할 수 있다. 삼국유사는 전주 개칭 이후임을 바로 알 수 있다. 그러나 삼국사기의 완산은 650년에도 존재했던 명칭인지 아니면 편찬될 시점에 알기 쉽도록 옛 이름을 부여한 것인지는 분명하지 않다. 만약 주(州) 설치 이전의 명칭이었다면, '完山' 기록의 상한으로 삼을 만하다.

그렇다면 완산이라는 명칭은 어디에서 유래하였을까?『완산지』에 따르면, 전주부의 남쪽에 있는 고덕산에서 뻗어 나와 전주부의 안산을 이루는 산이 완산(完山)이라 하였다. 전주부에서 남쪽으로 3리에 위치한다고 하였는데, 지금의 완산공원이 있는 완산칠봉(完山七峯) 자리다. 위성지도에는 곤지산(해발 184.2m) 서쪽 봉우리가 완산(해발 163.2m)으로 나와 있다. 그러나 위치 표기가 잘못되어 있다. 이는 후술하기로 한다. 당시 전주부의 진산(鎭山)을 전주부 북쪽 10리에 있는 건지산(乾止山)으로 인식하고 있는 것으로 보아 건지산–전주부–완산의 배치는 매우 중요한 의미를 가졌을 것으로 사료된다.

위성지도에 표기된 완산칠봉의 완산과 곤지산(카카오맵 2010년)

　『완산지』의 「산천(山川)」조에는 전주부의 진산인 건지산이 가장 먼저 등장하고, 안산에 해당하는 완산이 두 번째로 서술되어 있다. 바로 옆에 붙어 있는 곤지산은 산(山) 중에 마지막 두 번째에 언급되었다. 위성지도상 해발고도가 완산보다 20여 미터 높은데도 완산 다음 또는 다다음에 거론되거나 건곤(乾坤)의 관계 속에서 건지산과 함께 이야기될 법도 하지만 전혀 고려되지 않았다. 따라서 『완산지』의 관점에서 볼 때 그리 크지 않은 완산인데도 가볍게 볼 산이 아니었다는 것을 짐작할 수 있다. 현재 완산의 북쪽이 완산동이며, 기령당(조선시대의 군자정), 완산초등학교, 완산교회 등이 자리한다.

　한편 고지도에서 완산의 위치 표기는 주목할 만하다. 18세기에 제작된 해동지도의 전주부도에는 완산을 완산칠봉 자리에 표기하였으며, 곤지산보다 더 높고 크게 묘사하였다. 위성지도에 표기된 곤지산이 완산으로, 초록바위가 있는 봉우리가 곤지산으로 표현되어 있다. 19세기

에 제작된 전주부지도와 완산부지도에서도 역시 마찬가지다. 두 지도
는 해동지도보다 훨씬 세부적으로 묘사하고 있다. 특히 전주부지도(전
라북도 유형문화재 제80호)에는 곤지산 서편에 인접하여 주정(胄亭)이 묘
사되어 있는 것으로 볼 때 투구봉이라는 이름과 직접적으로 연관시켜
볼 수 있다. 완산부지도와의 교차 비교해보아도 위성지도에 표기된 투
구봉의 위치가 잘못되었음을 바로 알 수 있다. 그림의 위치상 지금의
전주동학농민혁명녹두관이 있는 봉우리로 보아야 맞다.

완산부지도(보물 제1876호)는 가장 세밀하게 전주부를 묘사한 지
도이다. 전체적인 분포와 지명은 전주부지도와 동일하다. 전주천과
맞닿아 있으면서 가장 동쪽에 있는 독립적으로 그려진 산이 곤지산,
곤지산의 서쪽 바로 옆에 주정(胄亭)이 있는 주봉(胄峯), 그리고 가
장 높은 산이 완산으로 기록되어 있다. 주목할 점은 곤지산과 군자
정(지금의 기령당) 사이에 곤지리(坤止里)가 존재한다는 것이다. 곤지
리는 지금의 완산동 일대이며, 남쪽에 있는 완산을 주산(主山)으로
삼고 있다. 또한 완산의 정상부를 옥녀봉(玉女峯)으로 기록해놓았
다. 그리고 무학봉과 백운봉의 동쪽 말단부에 상산정(上山亭)과 하
산정(下山亭)이 존재했음을 알 수 있다.

완산부지도는 완산의 내칠봉 모습을 구도에 맞춰서 묘사하다보
니 약간의 과장과 공간적 왜곡이 나타나 있지만, 곤지산과 완산의
위치는 정확하게 파악할 수 있다. 따라서 18세기뿐만 아니라 19세기
에 곤지산은 지금의 완산도서관 동쪽에 있는 봉우리였고, 완산공원
일대에서 가장 높은 봉우리가 완산이었음을 알 수 있다. 지금의 장
군봉에 해당한다. 특히 곤지산의 동쪽 모서리 부분에 초록바위가 그
려져 있는 점은 주목할 만하다.

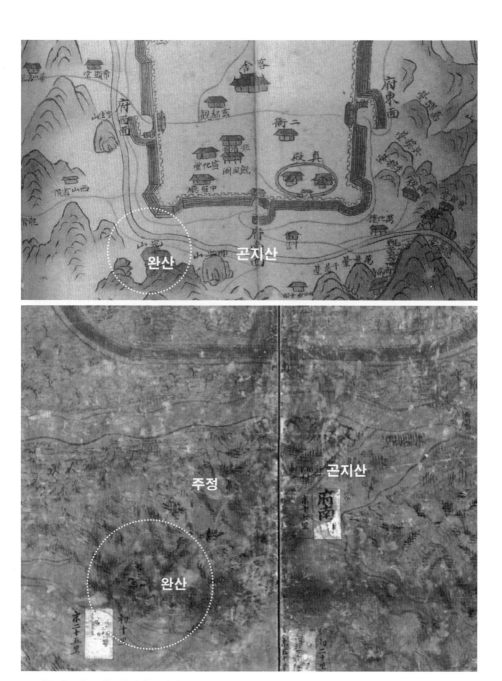

상 해동지도에 보이는 완산과 곤지산(서울대학교 규장각 제공)

하 전주부지도에 보이는 완산과 곤지산(전북대학교박물관 제공)

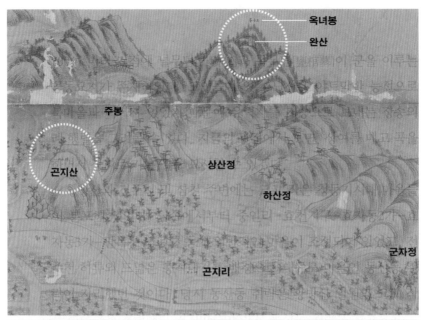

상 완산부지도에 보이는 완산과 곤지산(국립전주박물관 제공)
하 완산도형에 보이는 완산과 곤지산(한국학중앙연구원 장서각 제공)

그런데 전주부지도와 완산부지도에는 분명하게 묘사되지 않은 봉우리가 하나 있다. 바로 주봉(胄峯) 동쪽에 있는 산으로, 매화봉에서 전주 곤지중학교 쪽으로 뻗어 내린 능선이다. 이 능선을 정확하게 묘사했을 뿐만 아니라 봉우리의 명칭까지 표기한 지도가 완산도형이다. 이 지도는 1899년 이후에 제작된 것으로 알려져 있다.

완산도형에는 매화봉에서 뻗어 있는 봉우리를 쇠도봉(釗刀峯)으로 표기하였다. 이로써 완산칠봉과 분리되는 곤지산, 주봉, 쇠도봉을 명확하게 파악할 수 있다. 특히 가장 높은 봉우리 좌우에 각각 「完山七峯」과 「豎碑(수비)」라는 명칭이 명기되어 있고, 그 아래에 山神堂(산신당)이 표기되어 있다. 따라서 19세기 말~20세기 초에 장군봉에는 비석과 산신당이 존재했음을 알 수 있다. 그리고 지도에 표현된 봉우리의 명확한 형태를 고려하면 당시 완산칠봉은 외칠봉을 가리키는 것으로 판단된다. 다만 장군봉을 중심으로 동쪽과 서쪽의 봉우리가 각각 3개씩 그려져 있어 명칭에 대한 검토가 요구된다.

한편 광여도 「전주목」에는 완산을 지금의 완산공원 쪽이 아닌 전라감영 서쪽의 봉우리 하나가 있는 곳에 표기하였다. 착오라고 생각한다. 지형상 전주천과 삼천의 사이에 있고, 북쪽에는 가련산이, 남쪽에는 곤지산이 존재하는 것으로 보아 지금의 다가산(多佳山)으로 판단할 수 있다. 해동지도에서는 이곳을 다가산으로 표기하였다.

고지도를 통해 볼 때 약간 혼란스러울 수도 있겠지만, 대부분의 기록과 고지도는 완산을 지금의 완산공원 자리에 두고 있다. 그리고 언제부터 곤지산의 위용이 더 커졌는지는 알 수 없으나, 건지산과의 조화를 위한 조치로 판단된다. 특히 완산부지도에 곤지산의 서쪽으로 곤지리(坤止里)가 존재하는 것으로 볼 때 마을과 산의 이름이 서로 상응하는 시점도 간과할 수 없을 것 같다. 그러나 분명한 것은 곤지산보다 완산이 내칠봉과 외칠봉을 아우르는 큰 산이었다는 점은 아무리 강조해도 지나치지 않는다. 따라서 완산의 역사성을 고려한다면, 위성지도 표기의 수정은 불가피해 보인다.

이상에서 살펴본 완산의 유래와 그 규모는 지금의 시각에서 볼 때 썩 그럴 듯하게 보이지는 않는다. 이렇게 작은 산이 전주와 완주 일원을 포괄하는 고을명[州名]으로서 대표성을 가질 수 있었을까 하는 의문이 들기 때문이다.

고려 때 이규보 역시 남행월일기(南行月日記)에 "전주는 완산이라고도 일컫는데, 옛날 백제국이다.···중자산(中子山)이라는 산이 가장 울창하니 그 고을에서는 제일 큰 진산이었다. 소위 완산이라는 산은 나지막한 한 봉우리에 불과할 뿐인데, 한 고을의 이름이 이런 산으로부터 불리게 된 것은 참으로 이상하다"고 적었을 정도다. 그러나 『완산지』「창고(倉庫)」의 〈대동고(大同庫)〉에서 '완산은 곧 조선왕실의 토대를 닦은 고을이니 하나의 작은 고을에 비교할 바가 아니다'고 서술한 것처럼 백제 때 또는 그 이전 시기부터 완산이 가지는 상징성과 대표성이 전승되었을 것이라는 추론은 자연스럽다.

완산의 주변에서는 많은 수는 아니지만 몇몇 유적이 조사된 바 있다. 서완산초등학교(당시 효정국민학교) 부지에서 조사된 효자동 유적은 마한(後期) 시기의 무덤과 집자리가 조사되어 시기적으로 매우 이르다. 또 효자주공 3단지 동편에 있는 안행공원에서는 다수의 고분군이 존재하는 것으로 알려져 있다. 그리고 바로 인근의 무학봉 아래 외칠봉 2길 일대에서 삼국시대~고려에 해당하는 유물산포지가 확인되었다. 또한 완산의 남쪽인 평화주공 2단지의 동쪽편 야산에서 5~7세기대 백제 고분군이 조사된 바 있다. 이러한 고고학 자료에 비추어 볼 때 완산의 뿌리는 후기 마한 시기까지 올라갈 가능성도 완전히 배제할 수는 없을 것 같다. 백제 때 고을 명칭이 생겨났다고 보기에는 너무 갑작스럽고, 백제인들보다는 마한 토착민들의 마을과 연관될 가능성이 높아 보이기 때문이다.

최근까지의 고고학적 성과에 의하면, 마한과 관련되는 유적들 가운데 만경강 이남에서 가장 큰 마을 유적은 여의동 탄소산업단지에서 조사된 동산동 유적이다. 그리고 바로 인근에 위치하는 송천동과 장동 유적도 큰 규모의 마을로 볼 수 있다. 이들은 전주천 하류권의 충적대지와 구릉을 배경으로 조성된 대규모 마을이다. 시기적으로 연동되는 유적들이 황방산 일대까지 이어지는 형국이어서 전주천 하류와 삼천의 서쪽 지역은 마한인들의 삶터라고 해도 과언이 아니다. 따라서 완산 일대가 동시대의 거점 마을로서 기능했다면, 전주천과 삼천 사이의 어느 지점에 동산동이나 송천동과 같은 대규모 마을 유적이 분포해 있어야 한다.

본래의 기록도 없고, 축적된 고고학적 성과도 별로 없는 현실에서 완산의 연원을 상세하게 논한다는 것은 불가능한 일이다. 특히 완산을 배경으로 조성된 완산동 일대와 효자1·2동, 삼천동, 중화산동 일원은 오래 전부터 주택들이 조밀하게 형성되어 유적이 존재했더라도 대부분 파괴되었거나 조사가 불가능한 구역이다.

이러한 극단적 한계에도 불구하고 지금까지 남아 있는 자료에 근거하여 완산의 연원을 추단해본다면 몇 가지로 나누어 생각해볼 수 있겠다.

먼저, 유력자의 존재와 완산의 이름을 드높일 수 있었던 어떤 계기

의 존재이다. 여기에는 내·외칠봉을 아우르는 완산을 배경으로 유력
자가 살았던 마을의 존재가 수반된다. 그리고 유력자를 중심으로 완산
에서 또는 완산을 배경으로 모종의 사건이나 이벤트의 존재를 상정할
수 있다. 이를 계기로 작은 봉우리가 만인에게 회자될 수 있었고, 지역
또는 고을명을 대표하는 명칭으로 자리매김되었을 가능성이 있다.

두 번째는 사건 또는 이벤트의 성격이다. ① 삼국의 시조(始祖)와
영웅들이 그랬듯이 완산에서도 상서로운 기운을 받은 어떤 유력자
가 탄생했을 수 있다. 이로써 완산은 만인이 우러르고 따르는 성지
(聖地)로 자리매김하였을 것이다. 결국 작은 봉우리가 가지는 공간
성은 전주 일대의 집체적인 성격으로 확대되어 하나의 고을로 발전
하게 되었을 것이다. 또는 ② 유력자를 비롯한 추종자들이 회맹(會
盟)의 장소로서 완산을 택했을 수 있다. 완산이 자리하는 곳에 유력
자의 마을이 위치했을 것이므로 모두 완산으로 모였을 가능성이 있
다. 이러한 계기를 통해 완산은 이 일대에서 중심지로 통하게 되었
고, 상징성과 대표성을 얻었을 가능성이 있다. 여기에서 해석을 좀
더 확장해본다면, 완산의 어딘가에 제의(祭儀)나 제사(祭祀)를 행했
던 특정 장소가 존재했을 수도 있다는 생각이 든다.

세 번째는 완산의 이름과 표기이다. 분명 完山은 한자이다. 백제
때는 한자를 사용했기 때문에 完山으로 표기했을 가능성이 높다.
그러나 백제어가 따로 존재했을 가능성도 있다. 그렇다면 백제의 마
을이 존재해야 하는데, 온전한 백제인들의 마을을 전주에 비정하
는 것은 무리일 수 있다. 이 지역은 마한인들이 토착세력을 형성했
던 곳이기 때문이다. 이러한 관점에서 백제어 또는 한자어로 전승되
는 보다 이른 시기의 명칭이 있었을 수도 있다. 후기(後期) 마한, 즉

기원후부터 경기~호남일대에 분포해 있던 마한의 시기로, 백제에게 병합되기 이전까지 마을을 이루면서 살아갔던 토착 마한인들의 고유한 명칭에서 비롯되었을 개연성도 배제할 수 없는 것이다. 어찌되었건, 「全州本百濟完山」으로 볼 때 한자인 「完山」 이전의 명칭은 알 수 없지만, 정밀지표조사나 발굴조사에서 마한인의 마을이 발견된다면 가능성은 열려 있다.

이상의 추론은 온전히 추론일 뿐이다. 실증적 근거에 의지하지 못하였기 때문에 더 이상의 확대 해석은 무의미하다. 결국 근거의 확보는 고고학에 의존할 수밖에 없다. 기록의 부재는 아쉬운 일이지만, 앞으로 고고학 조사가 활발하게 이루어져 그 연원을 밝히는 데 기여할 수 있기를 기대해본다.

도움글

『東國李相國集』

『三國史記』

『三國遺事』

『全州府史』(1942)

완주군, 「디지털완주문화대전」.

全北大學校博物館, 1992, 『全州 孝子洞 遺蹟』.

전주문화원, 2009, 『完譯 完山誌』.

최범호, 2016, 「삼국사기 완산주(完山州) 관련 기록의 재검토」, 『전북사학』 48.

후백제의 코드 네임, 완주 봉림사지(鳳林寺址)
-완주 봉림사지의 발견과 발굴-

말로만 전해지던 봉림사(鳳林寺)

완주 봉림사지는 전라북도 완주군 고산면 삼기리에 있는 폐사지로서 그 유래에 대해서는 알려진 바가 없다. 다만 행정구역 폐합이 이루어지던 1914년 이전에는 봉림사지가 위치하던 마을이 봉림리(鳳林里)였고, 부분명으로 봉림동(鳳林洞)이라 불렸다. 봉림동은 봉림산 아래에 있었고, 봉림산에는 봉림사가 있었다[1]고만 전해질 뿐이며, 인근의 골짜기가 봉림골, 봉녀골 등으로 구전되어 오늘에 이르고 있다. 완주 봉림산은 현재 등록되어 있지 않은 산이지만, 『고산지』에는 봉림산의 서쪽에 봉림사가 있었다고 하니, 삼기리 동쪽에 석산으로 개발 중인 해발 300여 m의 봉우리가 봉림산으로 판단된다.

봉림사(鳳林寺)라는 명칭은 기록으로 확인되어야 온전한 사찰명으로서 의미를 가질 것이다. 그러나 그 명칭이 봉림리 또는 봉림산에서 유래된 것인지 혹은 봉림사로부터 지명이 파생된 것인지는 나중으로 미룬다 하더라도, 봉림리 또는 삼기리에 사찰이 존재했다는 사실은 1916~1917년경에 작성된 고적대장을 바탕으로 1942년에 발간한 『조선보물고적조사자료(朝鮮寶物古蹟調査資料)』와 마을에 구

1　完州郡, 1996, 『完州郡誌』, 전주: 新亞出版社, 353~354쪽.

『조선보물고적조사자료』의 설명과 부합하는 봉림사지 불상(사진: 일제강점기~1950년대 사이, 전북대학교박물관 제공) _ 두 장의 사진은 거의 같은 거리에서 각도를 달리하여 촬영된 것이다. 협시불의 왼편에 본존불의 하대석 모서리가 확인되는 것으로 보아 두 석불의 거리는 30㎝ 이내 였음을 알 수 있다.

전되던 노름꾼 이야기[2] 및 1961년까지 마을사람들 사이에서 회자되던 시마타니 야소야(島谷八十八)의 행적에 관한 이야기[3] 등에서 찾아볼 수 있으니 다행한 일이 아닐 수 없다.

2 전라도닷컴, 「심홍섭의 산골이야기」(2012.1.27.).
3 全北日報 第3621號(1961.6.14.).

봉림사(鳳林寺)의 실루엣

완주 봉림사의 존재를 지금까지 확인한 기록의 순서로 정리해보면, 그 시작은 『조선보물고적조사자료』를 발간하기 위한 자료조사에서부터 출발한다[4]. 1910년대에 이미 봉림사지와 석탑·불상·석등의 존재를 알고 있었던 것이다. 이후 1920~30년대 어느 시점에 일본인 지주 시마타니가 봉림사지 석등과 석탑을 옥구로 반출해갔다[5]. 그리고 시기는 자세히 알 수 없지만, 삼존석불 가운데 본존불의 목에 남겨진 회 성분 접착제와 마을 주민의 증언에 근거하여 일제강점기 어느 시점에서 1950년대 사이에 본존불의 불두를 복원했던 사실[6]로부터 봉림사의 존재와 공간성이 여전히 지속되었음을 알게 해준다. 이후 1961년 5월 18일에 삼기초등학교 교사와 학생들의 향토연구자료 수집활동을 통해 평택임씨 선산에서 본존불, 협시불 1구, 본존불의

---

4 『조선보물고적조사자료』 발간에 활용된 고적대장이 동국대학교 중앙도서관 소장 『사탑고적고(寺塔古蹟攷)』가 아닐까 판단되는데, 서술 방식과 정리 내용이 매우 흡사하므로 면밀하게 살펴볼 필요가 있다. 74쪽 그림 참조.
5 이종철, 2016, 「군산 발산리 석등의 原形에 대한 試論」, 『전북사학』 49호, 9쪽.
조선총독부에 근무(1916~1944)하면서 문화재 수리와 유적조사에 참여했던 오가와 게이기찌(小川敬吉)는 1939년에 실측한 한 석탑 도면의 제목으로 '폐봉림사불탑(廢鳳林寺佛塔)'이라 적어 놓았으며, 같은 해에 촬영되었을 것으로 추정되는 석탑 사진이 그의 조사자료에 포함(文化財管理局 文化財研究所, 1994, 『小川敬吉調査 文化財資料』)되어 있는 점으로 볼 때 1939년 이전에 이미 군산(당시 옥구)으로 반출되었음을 짐작할 수 있다. 특히 조선총독부 고시 제808호(1940년 7월 31일)에 석등의 소유자가 전북 옥구군 개정면 발산리에 사는 시마타니 야소기치(鳥谷八十吉)로 명시되어 있어(정규홍, 2007, 『석조문화재, 그 수난의 역사』, 서울: 학연문화사, 261쪽) 더욱 분명하게 알 수 있다.
6 이종철, 2018.3., 「완주 鳳林寺址 三尊石佛의 훼손과 변천에 대한 試論的 考察」, 『전북사학』 52호, , 21~22쪽.

1 삼존석불 _비지정 | 전북대학교박물관
2 발산리 석등 _보물 제234호 | 군산
3 하대석+지대석 _비지정 | 전북대학교박물관
4 발산리 석탑 _보물 제276호 | 군산

완주 봉림사지의 석조문화재(전북대학교박물관 제공)

팔각좌대(중대석)와 연화대석(하대석)이 처음으로 조사되었다[7]. 이러
한 사실이 그해 6월 11일 언론에 보도되고, 바로 6월 14일에 봉림사
지와 석조문화재에 대한 기획기사로 이어졌다. 이러한 기록은『옥구
군지(1963)』와『고산지(1964)』의 편찬을 위한 사료로 활용되었으리라
생각된다. 다만, 석탑에 대한 정보는『옥구군지』에서 혼동이 있었던
것으로 보인다. 불상의 존재가 알려진 후 교육적인 목적으로 삼기초
등학교 정원에 이전되었으나, 1965년 무렵에 한 장학사가 목이 없는
불상이 볼썽사납다는 이유로 땅속에 묻을 것을 지시했다고 한다[8].
이렇게 10여 년 가량 폐기된 상태로 있던 불상은 1977년 5월 12일에
전북대학교박물관으로 옮겨졌다[9].

봉림사지가 세상에 보도된 1961년 이래 봉림사의 정체성과 역사
성은 군산 발산리에 소재하는 석등과 석탑, 전북대학교박물관으로

---

7 全北日報 第3619號, (1961.6.11.).
8 전라도닷컴,「심흥섭의 산골이야기」, (2012.1.27.).
9 全北大學校博物館, 1979,『全州·完州地域 文化財調査報告書』, 35쪽.

이전된 삼존석불에 의존해 왔다. 이 석조문화재들의 막연한 역사성은 1979년에 발간된 전북대학교박물관 조사보고서를 통해 해상도가 높아지게 되었다. 당시 지도위원으로 참여한 정영호 단국대학교 박물관장은 불교미술사적 측면에서 삼존석불은 10세기초에, 석등은 나말여초기 또는 10세기경에 해당한다고 평가하였다[10]. 이러한 평가를 토대로 봉림사지 삼존석불은 후백제 조각의 한 예로서 후삼국시대 조각을 이해하고 재구성하는 데 중요한 자료로 인식되었고[11], 나말여초기에 조성된 전북 지역의 불상들이 양적으로나 질적으로 매우 우수한 양상을 보인다는 평가[12]로 이어졌다. 특히 봉림사는 견훤이 전주에 왕도를 세운 후 삼존석불·석등·석탑 등 예술성 높은 석조물을 조성하여 비보사찰로 삼았을 것[13]으로 보는 데까지 연구 확장이 이루어졌다. 그러나 이러한 학술적 논의는 눈에 보이는 석조문화재에 국한된 추론이라는 점에서 봉림사와 후백제의 실루엣에 지나지 않았다.

세상에 드러난 鳳林寺址

1961년 5월에 실시된 향토자료조사 이래 54년만에 최초의 정식 발굴조사가 이루어졌다. 2015년 2월에 전북대학교박물관은 봉림사

---

10 全北大學校博物館, 1979, 『全州·完州地域 文化財調查報告書』, 35~39쪽.
11 崔聖銀, 1994, 「鳳林寺址 石造三尊佛像에 대한 考察」, 『佛敎美術硏究』1, 51쪽.
12 郭東錫, 2001, 「全北 地域 佛敎美術의 흐름과 特性」, 『全羅北道의 佛敎遺蹟』, 417쪽.
13 陳政煥, 2010, 「後百濟 佛敎美術의 特徵과 性格」, 『東岳美術史學』 11, 158~165쪽.

봉림사지 1차 발굴조사와 출토유물(전북대학교박물관 제공)

지 일원에 대한 지표조사를 통해 다량의 기와편을 발견하였고, 문화
재청과 완주군의 협조를 얻어 봉림사지 발굴조사를 기획·추진하게
되었다.

2015년에 시행된 1차 조사는 긴급발굴조사로 진행되었으며, 기
와편이 집중적으로 출토된 완주군 고산면 삼기리 497-3·4번지를
중심으로 개시되었다. 좁은 면적에도 불구하고 여러 기의 건물지,
집석 및 부석 시설, 석렬, 수혈 등이 조사되었다. 전면적인 조사가
아니어서 가람의 전모를 확인할 수는 없었지만, 1차 조사는 ① 봉
림사지에 대한 최초의 정식 발굴조사로서 기록에 전하지 않는 사찰
의 존재를 확인한 점, ② 동쪽을 바라보고 배치되는 봉림사지 가람
배치의 일부를 확인한 점, ③ 구전되어 오던 석불·석등·석탑의 잠
정적 위치를 확인한 점, ④ '왕(王)' 명 기와편, 청동향로 환(環) 장식,

집선문·사격자문 기와편 등 나말여초기 또는 후삼국시대 기와류, 11~12세기 중심의 청자류 등의 확인, ⑤ 전북에서 이루어진 최초의 후백제 사찰 발굴조사였다는 점에서 의미를 갖는다[14].

1차 발굴조사 이후 발산리(봉림사지) 석등의 구성에 대한 의문점을 해소하기 위해 문화재청과 군산시의 승인을 얻어 석등 하부구조에 대한 시굴조사가 이루어졌다. 조사 결과, 연화대석과 일체를 이루는 지대석 하부가 매우 고르게 치석되었다는 사실을 확인하였다. 현재의 지대석 하부에 또 다른 대석이 존재했다는 것을 밝혀냈다는 점에서 유의미한 조사였다[15]. 이러한 조사성과를 바탕으로 발산리(봉림사지) 석등은 전북대학교박물관 소장의 하대석+지대석과 하나의 세트로서 본디 상륜부-옥개석-화사석-상대석-중대석(간주석)-연화하대석-하대 하석-지대석으로 구성되었을 가능성이 높다는 주장이 제기되었다[16].

2016년에 실시된 2차 발굴조사는 1차 조사에서 미진했던 부분을 전면적으로 조사하였고, 2017년 3차 조사는 497-4번지와 491번지를 집중적으로 발굴조사하였다. 조사 지점이 중복되는 관계로 2차와 3차 조사내용은 통합하여 보고되었다. 두 차례의 발굴조사는 ① 봉림사를 건립하기 위한 평탄대지 조성 공사 확인, ② 회랑형 건물지 등 7개의 건물지, 석등 기단부, 출입을 위한 계단 시설(측문), 배수시

---

14 全北大學校博物館, 2015, 『完州 鳳林寺址』, 85~86쪽.
15 이종철·신민철, 2015, 「보물 제234호 군산 발산리 석등 트렌치 조사 보고」, 『完州 鳳林寺址』, 124~125쪽.
16 이종철, 2016, 「군산 발산리 석등의 原形에 대한 試論」, 『전북사학』 49호, 17~20쪽.

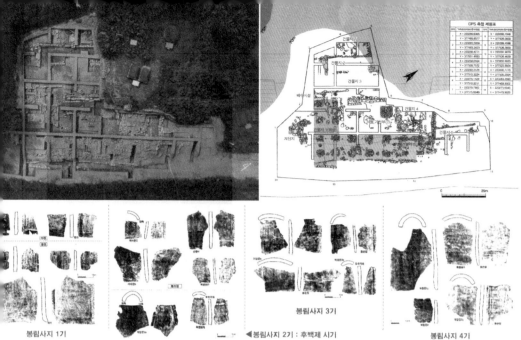

봉림사지 1기 봉림사지 3기
◀봉림사지 2기 : 후백제 시기 봉림사지 4기

봉림사지 2·3차 발굴조사와 기와의 변천(전북대학교박물관 2019·차인국 2020, 필자 편집)

설 등의 확인, ③ 후백제 단계로 추정되는 기와류, 9~10세기대 중국
계 청자, 9세기 전반~10세기 중반의 줄무늬병, 11~12세기 중심의
청자, 15~16세기 분청사기, 17~18세기 백자류의 확인, ④ 봉림사
지의 단계 구분을 4단계로 제시하였다는 점에서 의미를 갖는다[17].

　봉림사지에 대한 발굴조사를 통해 그동안 석조문화재에 집중되
어 왔던 시각에서 벗어나 유적 조사 성과와 출토유물을 중심으로 봉
림사지의 단계 설정이 시도되기 시작하였다. 삼존석불의 훼손 상태
와 발굴조사 내용을 토대로 4단계의 시론적 변천 과정이 처음으로
제시되었고[18], 봉림사지에서 출토된 기와편을 중심으로 네 시기의

17　全北大學校博物館, 2019, 『完州 鳳林寺址』Ⅱ, 318~337쪽.
18　이종철, 2018.3., 「완주 鳳林寺址 三尊石佛의 훼손과 변천에 대한 試論的 考
　　察」, 『전북사학』52호.

변천 과정이 밀도 있게 제시됨으로써 후백제기로 볼 수 있는 기와류를 특정할 수 있게 된 것[19]은 괄목할 만한 연구성과로 평가된다.

한편, 군산시는 2017년 11월~2018년 6월 사이에 봉림사지의 문화유산인 군산 발산리 석등과 석탑을 대상으로 자연재난 등 유사시 복원 및 수리공사를 위한 설계자료를 확보하고, 문화재 학술연구자료를 제공하기 위하여 정밀실측 용역사업을 실시한 바 있다. 이 사업을 통해 석등과 석탑의 3D 스캔 자료를 확보하였고, 특히 석탑 부재의 정밀한 수치 차이를 통해 3층 탑신과 옥개석이 유실되었음을 확인할 수 있었다[20].

3차에 걸친 봉림사지의 발굴조사는 여러 가지 조사 성과를 거두었다. 그러나 회랑형 건물지의 정확한 초축 시기 문제, 건물지에서 막새 기와의 부재 이유, 전체적인 가람배치의 파악을 위한 심도 있는 조사와 연구가 남아 있다. 무엇보다도 봉림사지가 위치한 곳은 평택임씨 종중의 선산으로 이용되고 있기 때문에 계획적인 발굴조사가 쉽지 않은 형편이다. 이 어려운 문제는 오롯이 후백제사 정립을 위한 순수하고 지속적인 노력만이 풀 수 있지 않을까 싶다.

---

19 차인국, 2020, 「완주 봉림사지 기와의 변천과 후백제」, 『호남고고학보』 64.
20 군산시, 2018, 『군산 발산리 석등 및 오층석탑 정밀실측조사보고서』, 도서출판 대도.
     5층석탑은 본디 5층 탑신과 옥개석이 유실된 것으로 알려졌으나 정밀실측조사 결과 3층 탑신과 옥개석일 가능성이 제시되었다(실측조사보고서 180~201쪽).

과제와 전망

　현재의 완주 봉림사지는 과거와 미래가 서로 분리되어 있다. 봉림사지에서 출토된 석조문화재의 결락된 과거를 봉림사지와 고산면 일원에서 반드시 찾아 현재와 이어주어야 한다. 첫째는 본존불과 협시불의 불두를 비롯하여 광배의 파편을 찾아야 한다. 둘째는 발산리(봉림사지) 5층석탑의 3층 탑신과 옥개석, 상륜부를 찾고, 셋째는 발산리(봉림사지) 석등의 상륜부를 찾고, 석등의 하대석과 지대석에 대한 정밀조사를 통해 온전한 복원을 모색할 필요가 있다[21]. 이와 같은 산일된 과거를 복원해야만 미래를 열 수 있는 동력이 생겨날 것이다.

　정성스럽게 복원될 봉림사지의 현재가 더 큰 미래를 여는 원동력인 이유는 각 지역으로 뿔뿔이 흩어진 역사의 편린들을 한 곳으로 모일 수 있게 하는 구심점 역할을 하기 때문이다. 고산면의 봉림사지, 전북대학교박물관의 삼존석불, 군산 발산리의 석등과 석탑의 인연을 언제까지 끊어 놓을 것인가? 짧고도 짧은 역사에 불과하지만, 완산주에 뿌리내린 후백제의 기상과 염원을 바로 세우고, 후백제의 문화유산을 수집·연구·보존하기 위한 건설적인 노력이 절실한 때이다. 이것이 후백제의 후손으로 살아가는 우리들의 역할이 아니겠는가?

21　이종철, 2016, 「군산 발산리 석등의 原形에 대한 試論」, 『전북사학』 49호, 21쪽.

참고문헌

『高山誌』

『沃溝郡誌』

郭東錫, 2001, 「全北 地域 佛敎美術의 흐름과 特性」, 『全羅北道의 佛敎遺蹟』.

군산시, 2018, 『군산 발산리 석등 및 오층석탑 정밀실측조사보고서』, 도서출판 대도.

文化財管理局 文化財研究所, 1994, 『小川敬吉調査文化財資料』.

完州郡, 1996, 『完州郡誌』, 전주: 新亞出版社.

이종철·신민철, 2015, 「보물 제234호 군산 발산리 석등 트렌치 조사 보고」, 『完州 鳳林寺址』, 全北大學校博物館.

이종철, 2016, 「군산 발산리 석등의 原形에 대한 試論」, 『전북사학』 49호.

이종철, 2018.3., 「완주 鳳林寺址 三尊石佛의 훼손과 변천에 대한 試論的 考察」, 『전북사학』 52호.

전라도닷컴, 「심홍섭의 산골이야기」(2012.1.27.).

全北日報 第3619號(1961.6.11.).

全北日報 第3621號(1961.6.14.).

全北大學校博物館, 1979, 『全州·完州地域 文化財調査報告書』.

全北大學校博物館, 2015, 『完州 鳳林寺址』.

全北大學校博物館, 2019, 『完州 鳳林寺址』 II.

정규홍, 2007, 『석조문화재, 그 수난의 역사』, 서울: 학연문화사.

朝鮮總督府, 1942, 『朝鮮寶物古蹟調査資料』.

陳政煥, 2010, 「後百濟 佛敎美術의 特徵과 性格」, 『東岳美術史學』 11.

차인국, 2020, 「완주 봉림사지 기와의 변천과 후백제」, 『호남고고학보』 64.

崔聖銀, 1994, 「鳳林寺址 石造三尊佛像에 대한 考察」, 『佛敎美術硏究』 1.

* 본 글은 국립전주박물관 개관 30주년 특별전의 전시도록인 『견훤, 새로운 시대를 열다』에 게재된 칼럼이다. 글의 제목은 본디 「완주 봉림사지(鳳林寺址)의 발견과 발굴」이었다. 봉림사지의 중요성을 강조하기 위해 새로운 제목을 붙였으며, 본래 제목을 소제목으로 부기하였음을 밝혀둔다.

봄날의 斷단想상
완주 봉림사지의 미래는 없는가

전주는 조선 왕실의 본향이요 후백제가 도읍한 땅이다. 서기 900년에 전주에 도읍한 후백제는 936년에 역사에서 사라지지만, 임팩트 있는 역사를 살다 갔다. 아쉬운 점은 영광의 편린들이 대부분 사라지고 일부 흔적들만 여기저기 흩어져 무색할 뿐이라는 것.

최근 전주에서는 후백제 역사를 재조명하려는 노력이 붐을 이루었다. 동고산성, 오목대, 그리고 물왕멀 일원에 대한 학술조사는 후백제 도성과 관련한 고고학적 성과를 제시해주었다. 여기에 완주 봉림사지의 발굴조사도 후백제 역사를 재구성하는 데 적지 않은 역할을 했다. 절 터 발견 보도 이래 54년만의 정식 발굴조사였고, 3차에 걸친 발굴조사를 통해 후백제 시기의 건물터와 기와, 방형 적심을 가진 회랑형 건물터, 석등 자리로 추정되는 방형 기단, 중국 자기와 고품질 청자의 발견 등 학술적으로 중요한 자료들이 쏟아져 나왔기 때문이다.

완주 봉림사지 조사는 전라북도에서 처음으로 이루어진 후백제 사찰 조사였다. 말로만 전해오던 봉림사의 존재를 직접 확인했다는 데 큰 의미를 갖는다. 여기에는 봉림사지 삼존불상·발산리(봉림사지) 석탑과 석등의 존재, 1930년대를 전후한 시마타니 야소야의 석탑과 석등의 반출, 1910년대에 작성된 봉림사지 존재에 대한 기록의 확인 등 꼬리에 꼬리를 무는 추적이 있었다. 그러나 안타깝게도 봉림사지가 자리한 곳에는 평○○씨 종중 묘들로 빼곡히 들어 차 있어 더 이상 발굴조사가 어렵게 되었다. 정상적으로 조사할 수 있는 유효한 공지(空地)가 없는 것이다. 이대로 봉림사지의 미래는 땅속에 묻히게 되는 것일까?

역사에서 만약이라는 가정은 무의미하다. 그러나 이 따스한 봄날, 만약이라는 가정을 던져 본다. 만약 평○○씨 종중과 종원들께서 후백제 역사 복원을 위해 큰 결심을 한다면, 그것은 조상님들의 묘소를 새로운 장소로 이장하는 일이 아닐까 싶다. 어르신들께 천하에 몹쓸 고약한 발상이라는 질타를 받기에 충분하지만, 가정이 그렇다는 것이다. 조상의 묘를 정성스럽게 가꾸어 온 종중과 종원의 입장에서는 불가능한 초현실적인 선택이기 때문이다.

가정의 줄거리는 대강 이러하다. 첫째는 발굴조사가 필요한 곳에 조성되어 있는 20여 기 묘를 이장하는 것이다. 둘째는 숭고한 결단에 대한 새로운 이장 장소를 제시해 주는 것이다. 이를 위해 완주군

발굴조사에서 드러난 완주 봉림사지의 건물지 흔적(전북대학교박물관 제공)

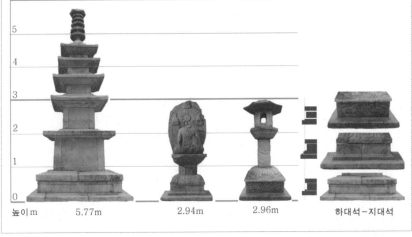

상 완주 봉림사 터에서 발견된 봉림사지 삼존석불 중 협시불과 본존불 _ 1916~1917년에 작성
된 조선총독부 고적대장의 내용과 동일한 상태로 현지에 남아 있었다. 촬영 시기는 분명하게
알려져 있지 않다.(전북대학교박물관 제공)

하 완주 봉림사지의 석조문화재들 _ 석탑, 본존불, 석등(이종철 2016)

에서는 새로운 복합문화관을 건립하여 평○○씨 종중의 역사와 인물을 홍보할 수 있는 평○○씨 역사관과 장례문화관을 제공하는 것이다. 셋째는 새롭게 확보된 조사지점에서 정밀발굴조사를 실시한후, 그 결과를 복합문화관의 나머지 공간에 전시·교육의 장으로 적극 활용하는 것이다. 예산 확보에 대한 노하우는 종중에 대한 예우상 거론하지 않는다.

완주군의 복합문화관은 중장기적으로 평○○씨 역사관과 장례문화관으로 일정 기간 동안 활용되거나 계속 유지될 가능성이 있다. 전자라면 조사 완료 후 조상님의 유해를 본래의 자리에 다시 모시고, 남겨진 공간을 봉림사지 문화관으로 재활용하면 된다. 후자일때는 봉림사지 유적지, 평○○씨 역사관, 그리고 봉림사지 문화관을 활용하여 후백제 복원사업을 강화해가는 융복합적 방안을 모색해볼 수 있겠다. 이러한 일련의 과정과 소산물들은 오롯이 완주군의 미래자산이 될 것으로 기대한다.

더 이상의 발굴조사가 불가능한 이 시점에 후백제 사찰 발굴조사의 동력을 잃은 완주군과 전북대학교박물관의 입장에서는 평○○씨 종중과의 동상이몽을 최대한 긍정적으로 공감할 수 있도록 노력해보는 계기가 필요해 보인다. 아직 발굴조사되지 않은 무덤들 아래건물터들은 그야말로 판도라의 상자 속에 남아 있는 '마지막 희망'일지도 모르기 때문이다.

2021.03.26. 새전북신문 「전북의 창」

도움글

2016, 「군산 발산리 석등의 원형에 대한 시론」, 『전북사학』 49호.

2018, 「완주 봉림사지 삼존석불의 훼손과 변천에 대한 시론적 고찰」, 『전북사학』 52호.

2020, 「완주 봉림사지의 발견과 발굴」, 『견훤, 새로운 시대를 열다』 국립전주박물관.

완주 봉림사지 석탑의 반출과
역사적 오류에 대한 검토

봉림사지 석탑은 보물 제276호로 지정된 군산 발산리 석탑을 이르는 다른 명칭이다. 본디 완주 봉림사지를 출처로 하는 데서 연유한다. 이 석탑은 2중 기단 위에 세워진 4층의 석탑으로, 제5층 탑신은 소실되었고, 상륜부는 후대에 보충된 것으로 알려져 왔다. 그러나 2018년에 군산시가 추진한 「군산 발산리 석등 및 5층석탑 정밀실측사업」을 통해 3층 탑신과 그 옥개석이 유실된 것으로 판명되었다.

석탑은 신라 이래의 일반형 석탑 양식을 따르고 있으나 탑신과 옥개석에서 간략화된 양상을 보여준다. 그러나 아래 위의 균형이 잘 잡혀 있고, 각 부의 결구에도 규율성을 잃지 않아 건실한 수법을 보여줄 뿐만 아니라 부드럽고 우아한 조형성도 보유하고 있다. 특히 하층 기단 중대석의 윗면에 기둥과 기둥 사이를 연결하는 난간 모양의 테를 돌린 것은 이 석탑의 특징으로 알려져 있다. 이러한 전반적인 양식을 바탕으로 석탑은 고려 초기로 편년되어 왔다.

봉림사지 석탑은 일제강점기에 일본인 지주 시마타니 야소야(島谷八十八)가 같은 유적에 있던 석등과 함께 당시 전라북도 옥구군 개정면 발산리로 반출한 것으로 전해진다. 그리고 조선총독부에 근무(1916~1944)하면서 문화재 수리와 유적조사에 참여했던 오가와 게이기찌(小川敬吉)가 1939년에 실측한 한 석탑 도면의 제목을 '폐봉림사불탑(廢鳳林寺佛塔)'이라 적어 놓았을 뿐만 아니라 같은 해에 촬영

한 것으로 추정되는 석탑 사진이 그의 조사자료에서 확인됨으로써 그 출처가 더욱 명백해졌다.

그럼에도 옥구로 반출되어 시마타니 농장에 자리를 잡은 석탑에는 당시의 지명을 따서 「옥구 발산리 석탑」이라는 이름이 붙게 되었다. 함께 있던 석등도 같은 맥락에서 「옥구 발산리 석등」으로 명명되었던 것이다. 이후 1995년에 옥구군이 군산시로 편입되면서 지정 문화재의 명칭이 다시 「군산 발산리 석탑」과 「군산 발산리 석등」으로 변경되었다.

이러한 배경을 고려하여, 필자는 군산 발산리 석등과 석탑을 완주 봉림사지 석등과 석탑으로 불러야 할 뿐만 아니라 현(現) 명칭이 불가피하다면, 두 가지 명칭을 병기해야 함을 주장해 왔다. 이에 본 글에서는 군산 발산리 석등·석탑이 봉림사지 석등·석탑과 동일한 것임을 재차 밝히며, 문화재 현지주의(現地主義)를 근거로 봉림사지 석등·석탑으로 통일하여 부르기로 한다.

군산에 자리잡은 봉림사지 석탑과 석등은 1963년 1월 21일에 각각 보물 제276호, 보물 제234호로 지정된다. 그러나 두 석조문화재는 본래 국보로 지정된 문화재였다. 일제강점기에 지정된 많은 국보급 문화유산들이 문화재 관리체제의 정비 과정에서 보물급으로 재분류되었던 것이다. 보물 지정 이전에는 석탑이 국보 제424호, 석등이 국보 제363호였다[1]. 그래서 1961년에 봉림사지에서 발견된 석불

---

1 필자의 논문 「군산 발산리 석등의 原形에 대한 試論」(2016, 전북사학 49)과 「완주 鳳林寺址 三尊石佛의 훼손과 변천에 대한 試論的 考察」(2018, 전북사학 52)에서는 1961년 전북일보 기사에 기재된 석탑의 국보 지정번호 제425호를 인용하였으나 잘못된 정보임을 밝혀둔다.

의 가치를 국보급에 준할 것으로 기대했던 것이다.

봉림사지 석탑이 석등, 삼존석불과 함께 완주 봉림사지의 문화재로 보편화된 것은 최근의 일이다. 석조문화재들이 반출된 완주군 고산면(당시 전주 삼기면) '삼기리'라는 지명이 어느 순간 익산의 '삼기면'으로 둔갑하여 익산에서 옥구로 반출되었다는 주장에 무게가 실려 있었기 때문이다.

이에 봉림사지 석탑을 비롯한 석등과 삼존석불이 익산의 삼기면에서 반출된 것이 아니라 지금의 완주군 고산면 삼기리에서 반출되었음을 명확히 하고, 자료나 주장에 의한 혼선을 최소화하기 위해 그 출처의 내력을 자세히 살펴보기로 하겠다.

첫 번째는 일제강점기인 1916~1917년경에 조선총독부가 작성한 고적대장(古蹟臺帳)이다. 완주군 고산면 삼기리에 소재하는 봉림사지에 석탑, 석등, 석불이 존재했음을 보여주는 가장 오래된 기록이다. 이 고적대장을 바탕으로 1942년에 조선총독부가 발간한 책이 바로 『조선보물고적조사자료(朝鮮寶物古蹟調査資料)』이다. 이 자료에 의하면, 당시 전주 삼기면 삼기리(現 완주군 고산면 삼기리)에 봉림사지가 있고, 7중의 석탑이 있는데 높이가 약 21척으로 완전하며, 석불은 몸의 절반이 땅속에 매몰되어 있고 불두가 파손되었으며, 석등은 높이가 약 8척으로 불상과 용이 부각되어 있다고 기록되어 있다. 그런데 이 고적대장의 존재에 대해서는 잘 알려져 있지 않다.

최근 필자는 동국대학교 중앙도서관에 소장되어 있는 『사탑고적고(寺塔古蹟攷)』가 당시의 고적대장일 것이라고 주장한 바 있다. 서술 방식과 정리 내용이 서로 일치하기 때문이다. 결국, 봉림사지의 석탑·석등·석불의 존재는 1910년대에 이미 공개되어 있었다고 보

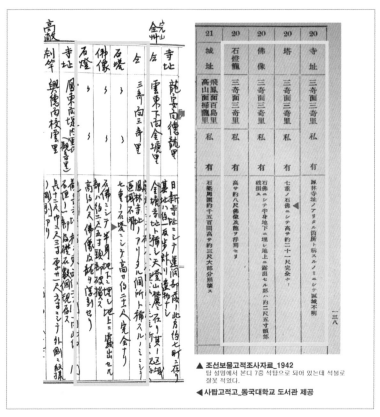

21	20	20	20	20
城址	石燈籠	佛像	塔	寺址
飛鳳面百島里龍龕	三奇面三奇里	三奇面三奇里	三奇面三奇里	三奇面三奇里
私	私	私	私	私
有	有	有	有	有

▲ 조선보물고적조사자료_1942
탑 설명에서 본디 7층 석탑으로 되어 있는데 석불로
잘못 적었다.

◀ 사탑고적고_동국대학교 도서관 제공

동국대학교 도서관 소장 사탑고적고와 조선보물고적조사자료 비교

아야 할 것이다. 특히 당시의 석탑이 7층이라고 명시되어 있는 점으로 볼 때 기단부를 포함한 5층석탑이었음을 짐작할 수 있다. 따라서 어느 시점에 탑이 붕괴되면서 3층 탑신과 옥개석이 유실된 것으로 판단된다.

두 번째는 오가와 게이기찌(小川敬吉)가 1939년에 그린 '폐봉림사불탑(廢鳳林寺佛塔)' 실측도이다. 앞에서 언급한 것처럼 오가와 게이

옥구 발산리로 옮겨진 봉림사지 석탑과 1939년에 그려진 실측도면(문화재관리국 1994)

기찌는 조선총독부에 근무하던 중 옥구의 시마타니 농장에 있던 석
탑을 실측하게 된다. 당시 석탑에 대한 촬영도 이루어진 것으로 추
정된다. 그는 실측도면의 오른쪽 상단에 '폐봉림사불탑(廢鳳林寺佛
塔)'이라고 제목을 명기해두었다. 당시 조선총독부에 근무하고 있었
기 때문에 1916~1917년경에 작성된 고적대장(古蹟臺帳)의 정보뿐
만 아니라 그 반출과 관련된 사연을 접했을 가능성이 매우 높다. 이
도면과 사진을 통해 시마타니 농장에는 1939년 이전에 이미 봉림사
지 석조문화재가 존재해 있었음을 알 수 있다. 특히 석탑의 상륜부
가 온전한 모습을 갖추고 있는 점에서 복원작업까지 완료했음을 확
인할 수 있다. 상륜부는 제짝이 아닌 것으로 판명되었기 때문이다.

전북일보 기사 (1961.6.14.)

세 번째는 봉림사지 석탑을 비롯하여 석등의 출처가 보도된 1961년 6월 14일자 전북일보 기사이다. 전북일보 기사는 다음과 같이 기술하고 있다. 「…그리하여 듣는 말에 의하면, 옥구군 개정면 주산국민학교에 보관되어 있는 완주 삼기 석등 국보 제363호와 옥구군 개정면 주산리에 보존되어 있는 국보 제425호 5층석탑 등등도 일제 시에 봉림사 옛 터전인 전기 장소에서 발굴되자 일본사람들이 발굴자로부터 상당한 돈을 주고 운반하여 간 것이라고 한다…」. 당시 이 기사를 쓴 조중철(趙重喆) 전북일보 고산지국장은 전언에 근거하여 국보로 지정되었던 석등과 석탑을 모두 완주 봉림사 터에서 반출된 것으로 인식했던 것이다. 다만 당시의 석탑 지정호수가 424호였는데 425호로 적은 것은 잘못되었다.

네 번째는 1963년에 편찬된 『옥구군지(沃溝郡誌)』이다. 옥구군지 간행위원회에서 한문으로 발행한 상·하 2책의 사료로서 상권에 자세한 기록이 존재한다. 문화재 현황 조에 「국보 : 석등 1개 지정호수

424호, 석탑 1좌 지정호수 363호」만 기록된 것으로 볼 때 보물 이하의 문화재는 없었거나 생략했음을 알 수 있다. 그리고 명승고적 조에 석등에 대한 훨씬 구체적인 설명이 있다. 바로 「4. 석등 : 국보 지정 호수 424호(군 내

옥구군지와 고산지(전북대학교도서관 제공)

개정면 발산학교). 일제 강점기 일인 재벌 島谷篤이 이곳에 농장을 짓고 당시 완주군 고산면 삼기리에 있었던 국보 3층석등을 농장 앞 정원에 옮겨 세웠고, 8·15 광복 이후 농장이 철폐되고 그 자리를 발산국민학교로 이용케 되자 석등은 교정에 정립케 되었다」는 내용이다. 여기에서 주목할 점은 ① 국보 제424호인 석등이 일제강점기에 일본인 지주에 의해 봉림사지가 위치하는 완주군 고산면 삼기리에서 발산리로 옮겨 졌다는 것, ② 국보 석등이 3층으로 구성되었다는 것, ③ 석등이 당시 옥구군 발산국민학교에 계속 남아 있었다는 것이다. 이 기록은 당시 봉림사지의 석등이 옥구군 발산리로 반출되었다는 것을 분명하게 기록하였다는 점에서 의미하는 바가 작지 않다. 그러나 석등과 석탑의 지정번호는 혼동으로 인해 잘못 기재되었음을 알 수 있다. 그리고 특기할 만한 내용이 바로 이어서 서술되어 있다. 「5. 탑동탑 : 국보지정 호수 363호(대야면 죽산리 탑동). 조각이 정밀하고 우아한 4층석탑으로서 신라 진평왕 35년에 원광국사가 창건한 것이라고 함」이라는 내용이다. 이것은 군산 대야면 죽산리 탑동의

석탑과 군산 발산리 석탑을 혼동하여 잘못 기술한 내용으로 판단된다. 특히 전북일보 기사와는 달리 국보 지정호수는 맞게 적었지만, 석등과 석탑의 호수를 서로 바꿔서 기재하는 오류를 범하고 말았다.

다섯 번째는 1964년에 편찬된 『고산지(高山誌)』로, 전라북도 완주군 고산면에 거주하던 유림들이 중심이 되어 한문으로 발행한 사료이다. 봉림사에 대한 기록은 「폐허로 알지 못한 지 수백 년이지만 아직도 유적으로 남아 있다」는 존재 여부만 언급한 반면, 봉림사지의 석등과 석탑에 대해서는 「봉림사지는 고산면 삼기리 봉림산 서록에 있으며, 사찰의 창건 연대는 알 수 없지만 신라의 고찰이라고도 전해진다. 옛날에 석등이 있었는데, 국보 등록 제363호로 현재는 옥구군 개정면 발산리로 이건된 상태다. 또 5층석탑이 있었는데, 국보 등록 제424호로 이것 역시 발산리로 이건된 상태다. 석불과 연화대 등은 삼기국민학교에 있다.」고 자세하게 기록하였다. 이 기록 역시 옥구군지와 마찬가지로 당시 봉림사지의 석등과 석탑이 옥구군 발산리로 반출되었다는 것을 역사적 사실로 기록하였다는 점에서 의미를 찾을 수 있다. 특히 1961년 전북일보 기사와 1963년 옥구군지에서 오류를 범한 석등과 석탑의 국보 지정번호를 정확하게 기재하였다는 점에서 자료 검토의 노력과 정확성을 살펴볼 수 있다.

이상과 같은 역사적 기록들은 군산 발산리에 자리를 잡은 봉림사지 석등과 석탑이 완주 봉림사지에서 반출된 것임을 증명해준다. 따라서 두 석조문화재는 봉림사지 석탑과 봉림사지 석등으로 개칭되어야 하는 정당성이 확보되었다고 할 수 있다.

한편 1963년에 발행된 옥구군지에서 석등과 석탑의 정보는 왜 다를까? 군지에서 다루려고 했던 석탑은 봉림사지 석탑이었지만, 내

표 1 문화재 지정과 지정번호 인식 현황

구분	소재지	전북일보 1961.6.14	옥구군지 1963.5.5	고산지 1964	문화재 지정 현황		
					최초 지정	변경 지정	소유
발산리 석등	原 완주 고산 삼기리 現 군산 발산리	국보 제363호 완주 고산 반출	국보 제424호 완주 고산 반출	국보 제363호 완주 고산 반출	완주 삼기리 석등 국보 제363호 『國寶圖錄』1957	옥구 발산리 석등 보물 제234호 통일신라 1963.01.21. 『文化財誌』1990	국유
발산리 석탑	原 완주 고산 삼기리 現 군산 발산리	국보 제425호 완주 고산 반출	–	국보 제424호	발산리 5층석탑 국보 제424호 문교부 고시45호 1957.9.3	옥구 발산리 5층석탑 보물 제276호 고려 1963.01.21. 『文化財誌』1990	국유
죽산리 석탑	原 (김제 금산 청도리)* 現 군산 대야 죽산리 탑동	–	국보 제363호	–	–	옥구 탑동 3층석탑 전북유형문화재 66호 고려 1974.09.27. 『文化財誌』1990	국유

* 문화재지(전라북도 1990)에 의하면, 옥구 탑동 3층석탑의 소재지가 김제군 금산면 청도리 83으로 기재되어 있다. 이 주소는 김제 귀신사로 들어가는 해탈교 바로 옆에 해당한다. 탑동 석탑이 외부로부터 이전되었다는 기록이 없기 때문에 소재지를 잘못 표기한 것으로 판단된다.

용을 자세히 들여다 보면 시마타니가 반출한 봉림사지 석탑(발산리 석탑)과 인근에 자리하는 죽산리 탑동 3층석탑이 뒤섞여 있다. 전자는 앞에서 장황하게 설명하였기 때문에 생략하기로 한다.

죽산리 탑동 3층석탑은 현재 전라북도 군산시 대야면 죽산리 탑동에 자리한다. 1974년 9월 27일에 전라북도 유형문화재 제66호로 지정되었다. 석탑은 단층 기단 위에 3층으로 조성된 고려시대 탑으로 알려져 있다. 본디 죽산리 탑동 마을의 옛 청룡사 터에 자리하고 있던 석탑으로서 정림사지 5층석탑 양식을 일부 모방했을 것으로 추정되고 있다. 군산 발산리와는 직선거리로 5.5㎞ 내외이다.

문제의 발단은 국보 지정 여부, 소재지 표기, 탑에 대한 묘사에서 오류를 범한 옥구군지 집필진에 있다고 볼 수 있다. 특히 의문스러운 것은 당시에 발산리의 석탑과 탑동 석탑 가운데 어느 것이 국보로 지정되었는지 왜 몰랐을까이다. 1957년에 발간된『國寶圖錄』1집에 봉림사지 석등(당시 명칭은 완주 삼기리 석등)에 대한 자료가 공개되어 있었고, 1957년 9월 3일에 고시된 관보(문교부 고시 제45호)에 봉림사지 석탑(당시 명칭은 발산리 5층석탑)이 올라 있어 지방 행정기관에서도 인지하고 있었을 가능성이 있는데 말이다.

그렇다면 군지간행위원회는 어떻게 잘못된 정보를 군지에 수록하게 되었을까? 이 문제는 다음과 같이 접근해볼 수 있겠다.

첫째, 발산리의 석탑을 청룡사지의 죽산리 탑동 석탑과 혼동했을 가능성이다. 석탑에 대한 서술은 국보 제363호, 죽산리 탑동 소재, 정밀하고 우아한 4층석탑, 신라 진평왕 35년(613년) 원광국사 창건으로 되어 있기 때문에 현재의 탑동 석탑과는 일치하지 않는다. 1963년 이전까지 옥구군에 소재하는 국보는 발산리의 석등과 석탑단 2점밖에 없었기 때문에 국보 지정 석탑에 대한 혼동이 있었다고 판단된다. 또 4층 석탑은 어디에도 없지만, 발산리의 석탑이 4층밖에 남아 있지 않았기 때문에 혼동했을 가능성과 탑동 석탑의 기단부까지 세어 4층으로 보았을 가능성이 있다. 어느 것을 선택하든 정보에 대한 혼선이 있었음이 분명하다. 이러한 사실과 추론에 근거한다면, 옥구군지의 기록은 잘못된 것이며, 발산리의 석탑과 탑동 석탑의 형태 및 소재를 분명하게 알지 못했던 집필자들의 오류였다고 정

발산리의 석탑과 죽산리 탑동 석탑(사진 필자)

리할 수 있다.

　둘째, 발산리의 석탑이 앞에서 언급한 기록에도 불구하고 완주
고산면 삼기리가 아닌 당시 옥구군 대야면 죽산리 탑동에서 옮겨졌
을 가능성이다. 이 문제에 접근하기 위해서는 주산리 탑동에 소재
하는 탑동 3층석탑에 대해 살펴보아야 한다. 탑동 석탑은 청룡사지
의 중심축인 법당의 정면에 위치하는 것으로 추정되고 있으며, 백
제의 석탑 양식을 계승한 고려시대의 것으로 알려져 있다. 발산리의
석탑은 신라 양식을 계승한 석탑으로 고려 초기의 것으로 논의되고
있다. 동일한 시대의 한 사찰에서 서로 다른 양식의 석탑이 존재했

다는 것과 상대적으로 이른 시기의 발산리 석탑이 아닌 탑동 석탑이 핵심적 위치에 자리하고 있다는 점에서 설득력 있는 주장이라고 할 수 없다. 따라서 발산리의 석탑이 죽산리 탑동에 소재했을 가능성은 매우 낮다고 판단된다.

지금까지 완주 봉림사지 석탑을 중심으로 그 출처와 역사적 기술상(記述上)의 오류를 살펴보았다. 발산리의 석탑은 죽산리 탑동 석탑과의 혼선으로 말미암아 상당한 오류 속에 놓여지는 신세가 되고 말았다. 그리고 국보 지정호수도 석등과 혼동되어 사용되었다는 것도 확인할 수 있었다. 문화재 지정번호와 대상에 대한 확인이 없었고, 석탑에 대한 자료조사나 자료수집이 정확하지 못하였던 것이다.

앞으로 군산 발산리 석탑에 대한 정확한 정보가 제시되기를 바라며, 봉림사지 석탑과 석등의 문화재적 가치와 미래 활용 방안이 많은 사람들에게 공유되기를 기대한다.

도움글

『高山誌』

『沃溝郡誌』

2020, 「완주 봉림사지의 발견과 발굴」, 『견훤, 새로운 시대를 열다』, 국립전주박물관.

國立全州博物館, 2001, 『全羅北道의 佛敎遺蹟』.

군산시, 2018, 『군산 발산리 석등 및 오층석탑 정밀실측조사보고서』.

동국대학교 중앙도서관, 『寺塔古蹟攷』.

文化財管理局 文化財研究所, 1994,『小川敬吉調查文化財資料』.

全羅北道, 1990,『文化財誌』.

全北日報 第3621號(1961.6.14.).

정명호, 1992,『석등』, 대원사.

朝鮮總督府, 1942,『朝鮮寶物古蹟調查資料』.

韓國文化財保護協會, 1986,『文化財大觀4 -寶物2 塔婆-』, 大學堂.

黑白社, 1957,『國寶圖錄』.

* 본 글을 작성하는 과정에서 발산리 석탑의 국보 지정과 관련한 자료를 수집
  하는 데 문화재청 유형문화재과 이진우 선생님의 도움을 받았다. 바쁜 업무
  에도 불구하고 친절하게 자료를 찾아 제공해 주신 것에 대해 지면을 빌려 감
  사를 드린다. 우연히도 9월 3일에 관련 내용을 받아 보완함으로써 글을 완성
  하였는데, 보내주신 관보가 단기 4290년(1957년) 9월 3일에 발행된 것이었다.
  우연한 인연을 공유하게 된 것도 밝혀두어 봉림사지 석조문화재 연구 과정의
  한 걸음으로 적어놓는다.

갑술 완영 중간본 동의보감,
1754년 발간의 근거

　동의보감은 허준 등이 조선과 중국에 유통되던 의서와 임상의학적 체험을 통한 치료법을 엮어서 편찬한 우리나라 최고의 한의서다. 1596년에 선조가 의서 편찬을 명하여 1610년(광해군 2)에 완성되었고, 1613년(광해군 5)에야 비로소 간행되었다. 첫 간행은 25책의 목활자본으로, 2책의 목록과 내경편, 외형편, 잡병편, 탕액편, 침구편으로 구성되었다. 국립중앙도서관 소장본(오대산사고 내사본)이 국보 제319-1호, 한국학중앙연구원 소장본(적상산사고본)이 국보 제319-2호, 서울대학교 규장각 소장본(태백산사고 내사본)이 국보 제319-3호로 지정되어 있다.

동의보감 _ 갑술 완영 중간본(전북대학교박물관 제공)

전북대학교박물관도 25책으로 구성된 동의보감을 소장하고 있다. 만력 41년(1613년) 11월에 내의원에서 발간한 것을 본으로 한 것이다. 25책 맨 뒤에는 지금의 판권과 같은 내용이 있으니 「세갑술중동(歲甲戌仲冬) 내의원교정(內醫院校正) 완영중간(完營重刊)」이 바로 그것이다. 갑술년 음력 11월에 내의원 교정본을 전라감영에서 거듭 펴냈다는 의미이다.

갑술 완영 중간본은 1814년에 발간된 것으로 알려져 있다. 갑술년이 1814년이기 때문이다. 그런데 전북대학교박물관 소장 동의보감에서 발견되는 특기할 만한 인장(印章)이 이러한 판단을 흔들고 있다. 25책의 각 편(篇)을 나타내는 첫 페이지마다 2개의 적색 인장이 낙관처럼 위 아래로 날인되어 있다. 위의 것은 양각 전서로 김

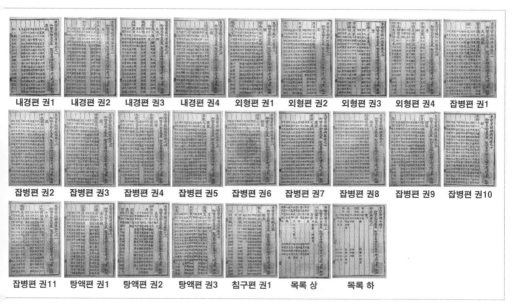

동의보감 각 권에서 볼 수 있는 김광국 인장(전북대학교박물관 제공)

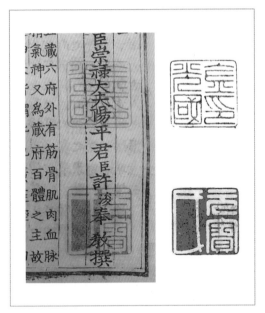

동의보감의 김광국 인장_오른쪽 인장은 왼쪽 인장을 그대로 복원한 것이다.

광국인(金光國印), 아래 것은 음각 전서로 원빈씨(元賓氏)라 새겼다. 2개 모두 가로와 세로가 3.8㎝인 정사각형이다.

동의보감 각 책의 똑같은 위치에 인장을 정성스럽게 날인한 것으로 볼 때 김광국은 책주(冊主)임에 분명하다. 그렇다면 김광국은 누구인가? 다각도로 확인해 본 결과, 세 사람을 찾아냈다. 한 사람은 안동 김씨 광국(1709~1783)으로 자는 대관(大觀)이며, 1735년(영조 11) 증광문과에 병과로 급제한 인물이다. 지평(1741), 서장관(1755), 승지(1759), 황주목사(1760), 회양부사(1766), 도승지(1769), 병조참판, 호조참판(1783)을 지냈다. 조선왕조실록 영조~정조 대(1736~1778)에 언급되는 59건 기사 중 58건이 이 인물에 해당한다. 다른 한 사람은 경주 김씨 광국(1727~1797)으로 자는 원빈(元賓), 호는 석농(石農)·석농보객(石農甫客)이다. 그는 1747년(영조 23)에 의과에 입격하여 1749년부터 내의원에서 근무했던 인물이다. 실력을 인정받아 수의(首醫)까지 올랐고, 가선대부, 동지중추부사에 제수되기도 하였다. 그러나 약재 관련 부정 사건으로 인해 의적(醫籍)에서 제명되었다. 조선왕

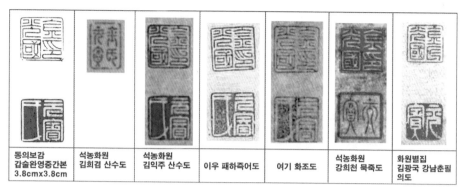

동의보감 갑술완영중간본 3.8cmx3.8cm	석농화원 김희겸 산수도	석농화원 김익주 산수도	이우 패하죽어도	여기 화조도	석농화원 강희천 묵죽도	화원별집 김광국 강남춘필 의도

석농 김광국의 인장 비교

조실록 59건 기사 중 단 1건의 기사(1779년 12월 3일)가 이와 관련되는 기록이다. 무엇보다도 그는 조선 후기를 대표하는 고서화 수집가로 널리 알려져 있는 인물이기도 하다. 조선의 서화와 후대의 작품 보전에 많은 기여를 하였으며, 『석농화원(石農畵苑)』과 『화원별집(畵苑別集)』 등을 남겼다. 마지막 한 사람은 김해 김씨 광국(1755~?)으로 1815년(순조 15) 정시병과에 입격한 인물이다. 세부 인물 정보는 확인되지 않는다.

김광국이라는 성과 이름은 이외에도 많겠지만, 경주 김씨 광국은 가장 적합한 인물로 특정할 수 있다. 원빈은 경주 김씨 광국의 자(字)이기 때문이다. 특히 의서(醫書)를 제몸같이 해야 하는 직업군의 인물로서 동의보감과 가장 밀접한 연관성을 가질 뿐만 아니라 당시 서화에도 조예가 깊어 자신의 이름과 인장을 여러 발문에 남김으로써 인물 대조가 가능한 것도 불변의 근거가 된다. 동의보감에 찍힌 것과 매우 흡사한 형태의 「김광국인」과 「원빈씨」 인장은 여기(呂紀, 중국 明)의 〈화조도〉 발문, 오준상의 〈묵매도(1787)〉 발문 등이 있는

雨石首夏
漫倣淺苑
北莫浮江
南壹峰

석농 김광국이 그린 「강남춘필의도」_ 『화원별집』에 수록되어 있다. 직업이 의관이었음
에도 조선 후기 이름난 고서화 수집가로서 자신만의 감식안을 통해 조선시대 서화 보전
에 기여하였다. (국립중앙박물관 제공)

『석농화원』, 석봉 한호 서첩인『한경홍진적』발문에서 볼 수 있다. 또한 이경윤의 〈송음고일도〉 발문(1753), 조영석의 〈노승휴장도〉 발문 등에서「원빈씨」인장을 확인할 수 있다.『석농화원』에서조차 3쌍 이상의 서로 다른 인장이 확인되는 것을 보면, 시간 차를 두고 제작한 여러 과의 인장이 존재했음을 알 수 있다. 갑술 완영 중간본의 인장까지 합치면 현재 9과가 확인된 셈이다.

만약 전북대학교박물관 소장 동의보감의 책주가 경주 김씨 광국이라면, 갑술 완영 중간본은 시기적으로 1814년(순조 14)이 아니라 1754년(영조 30) 간행이어야 맞다. 김광국은 1797년에 사망했기 때문에 사후 17년 뒤에 낙관을 할 이유가 없기 때문이다. 김광국이 이름난 서화에 발문을 쓰고 낙관을 즐겨한 것을 고려하면, 동의보감 역시 같은 맥락으로 볼 수 있다. 이것이 역사적 사실이라면, 완영본 동의보감에 대한 새로운 정보이자 서지학적 의의라고 할 수 있다. 그러나 이러한 결론이 좀 더 완전한 사실로 인정받기 위해서는 김광국 인장의 일치성과 시간성 검토를 비롯하여 1754년판 갑술 영영 개간본, 1814년판 갑술 완영 중간본, 그리고 완영 동의보감 책판과의 교차 비교가 이루어질 필요는 있어 보인다.

2021.7.16. 새전북신문「전북의 창」

『조선왕조실록』

『동의보감』 갑술 완영 중간본

『화원별집』

『석농화원』

『한경홍진적』

吳世昌, 1968,『槿域印藪』

* 이 글은 2009년 7월 31일에 동의보감이 유네스코 세계기록유산으로 등재된
것을 조금이라도 기념하기 위해 7월 칼럼으로 작성한 것이었다. 전북대학교
박물관은 동의보감의 세계기록유산 등재 기념 홍보 사업 일환으로 동의보감
완영책판에 대한 3D스캔 작업을 올해 6~9월 동안 추진하였다. 실제로 목판
에 각을 하여 보존하는 실천적 보존 노력은 아니지만 미래 세대를 위한 영구
적 보존과 활용의 첫 시도라는 점에서 의미를 갖는다. 세계기록유산에 등재
된 달을 맞아 동의보감의 세계사적 의미를 되새기면서 앞으로 동의보감과 완
영책판의 적극적인 활용과 보존 방안이 마련되기를 기대한다.

거듭되는 죽음을 막아주는 붉은색 네 글자,
四字 朱書의 비밀

　지금으로부터 23년 전, 전라북도 완주군 봉동읍 둔산리에 소재하는 전주류씨 진학재공파 선산의 한 무덤에서 성격 미상의 나무상자[木函]가 피장자와 함께 출토되었다. 당시에는 이 목함이 무엇이고, 무슨 용도로 쓰였는지에 대해 크게 관심을 두지 못하였다. 중요한 무언가가 들어 있었던 것도 아니고, 그저 작고 단순한 빈 나무상자였기 때문이었다. 그로부터 21년이 지난 2019년에 이 상자의 비밀이 풀리기 시작했다. 목함의 안쪽 면에서 붉은 글씨 네 글자[四字朱書]가 처음으로 확인된 것이다. 육경천형(六庚天刑)! 이것은 죽음과 인간의 소망 사이에 존재하는 비밀스러운 경계였다.

　죽음은 그 누구도 편애하지 않는다. 사람은 열 달 전후의 지극한

류응원 무덤 출토 목함과 4자 주서 (이종철 2020, 전북대학교박물관 제공)

정성을 한몸에 받으며 세상에 태어나지만, 죽음 앞에서 그 어떤 조건이나 회유는 통하지 않기 때문이다. 이러한 이유로 삶과 죽음의 경계를 극화하는 소설이나 영화 등이 우리의 심금을 울려 왔다. 몇 년 전에 방영되었던 아이유 주인공의 〈호텔 델루나〉가 그랬고, 이보다 훨씬 전에 상영된 일본 영화 〈원더풀 라이프〉가 그랬다.

구석기시대에는 죽은이와의 이별을 슬퍼하며 아름답게 핀 꽃을 주검에 헌화했다. 신석기시대에는 빛깔 좋은 조개껍데기로 만든 치레걸이를 죽은이의 몸에 치장해주었다. 청동기시대에는 돌검, 청동기, 붉은간토기 등 다양한 부장품들을 죽은이의 곁에 묻어 주었다. 죽은이에 대한 이와 같은 예우는 삼국시대 이래 점점 더 발전하여 형식에 맞는 절차와 의식으로 고착화되었다. 죽은이는 사라지는 것이 아니라 새로운 세상으로 가기 때문에 바리바리 싸서 보내주었던 것이다. 조선에 이르러서는 법도(法道)로 굳어져 『국조오례의』나 『주자가례』에 의해 그렇게 해야만 하는 도리이자 의무가 되었다. 그러나 이 역시 죽은이를 위한 남은자들의 큰 배려였다.

이렇게 출발한 본연의 의식은 시간이 흐름에 따라 형식으로 얽매여져 그렇게 해야만 하는 행동으로 변모되었고, 바깥으로 보여주기 위한 의식이 되기도 하였다. 이러한 변화는 논리적인 과정과 그 이유가 생략된 채 이럴 때는 이것으로 저럴 때는 저것으로 처리하는, 처음과 끝만 전승되기에 이르렀다. '그런데 왜?'라는 물음에는 시원한 답을 얻기가 어려워졌다. 그 대표적인 것이 중상(重喪)과 관련되는 양진법이다. 완주 봉동에서 출토된 목함과 붉은 글씨 네 글자가 바로 이와 직접적으로 연관되어 있다.

중상은 거듭 상(喪)을 당하는 것을 말한다. 부친(모친)의 탈상을 마치기도 전에 모친(부친)의 상을 또 당하는 것이 대표적인 예다. 이렇게 거듭되는 죽음을 막기 위해 언제부터인가 전래된 비법이 조선시대 때 활용되고 있었다. 15세기에 이순지(李純之 1406~1465)가 쓴 『선택요략』에서 양중상(禳重喪), 1766년에 간행된 유중림(柳重臨)의 『증보산림경제』에서 양진중상법(禳鎭重喪法)으로 소개되어 있으나 그 자세한 구성원리와 설명은 없다. 컴퓨터 문서 작성 시 다짜고짜로 단축키만 알려주는 것과 다르지 않다.

양진중상법의 내용은 이렇다. 중국에서는 중상(重喪)의 흉성(凶星)을 파해(破解)하는 법술(法術)이라고 이해하였다. 중상을 막기 위해서는 네 글자로 이루어진 여덟 종류 중 죽은 달[月]에 대응되는 하나를 황색 종이에 붉은 글씨로 쓰고, 흰 종이로 만든 상자에 넣는다. 이 상자를 관(棺) 위에 놓고 나아가야 대길(大吉)하다는 것이다. 혹자는 이러한 양진법이 탄허 스님의 제살법(制殺法)으로부터 유래되었다고 하지만, 이러한 주장은 정정될 필요가 있다. 이미 중국 晉代(東晉 포함)의 『증보옥갑기(增補玉匣記)』에 나와 있는 양법이기 때문이다. 따라서 4세기 이전에 이미 중국에 존재했던 습속임을 짐작할 수 있다. 또한 8종류에 해당하는 붉은 네 글자의 활용법도 이미 15~18세기 조선에 존재했고, 시대에 따라 약간씩 달리 사용되었음도 밝혀졌다. 다만 4자 주서를 죽은이의 왼쪽 가슴 쪽 무덤 광 밑바닥과 오른쪽 가슴 위에 놓아야 한다는 정보는 어디에서도 찾아볼 수 없기 때문에 탄허 스님이 터득한 원리였을 수는 있다. 하지만 어딘가에 원전(原典)이 있을 가능성도 전혀 배제할 수 없다. 아무튼 이러한 정보는 조선 분묘(墳墓) 고고학 분야에서 주의 깊게 다루어질 필요가 있다.

최근 연구 성과에 의하면, 양진중상법은 중국 晉代-조선 15세기

~18세기(1766년)-한국 1980년대로 이어지는 자료가 확보되었다. 이를 통해 중국으로부터 유입된 양진법이라는 것이 분명하게 밝혀졌다. 또 15세기를 전후하여 2월과 3월의 4자 주서가 서로 바뀐다는 사실도 드러났다. 그리고 중국 晉代에는 흰 종이로 함을 만들고, 황색 종이에 4자 주서를 쓴 것에 반해, 15세기 조선에서는 작은 상자를 만들어 붉은 글씨로 상자 안에 네 글자를 쓰는 것으로 이해되었다가 다시 18세기에는 백지(白紙)로 함을 만들고 황지(黃紙)에 4주주서를 쓰는 방법이 널리 쓰였다는 점도 확인되었다.

연구에 의하면, 양진중상법의 4자 주서는 일반적으로 1월·2월·6월·9월·12월에 육경천형(六庚天刑), 3월에 육신천연(六辛天延[庭·建]), 4월에 육임천뢰(六壬天牢), 5월에 육계천옥(六癸天獄), 7월에 육갑천복(六甲天福), 8월에 육을천덕(六乙天德), 10월에 육병천위(六丙天威), 11월에 육정천음(六丁天陰)을 사용한다. 열두 달 가운데 육경천형의 사용이 매우 빈번함을 알 수 있다. 이들 가운데 2월과 3월이 서로 바뀌는 때가 있었으니 기록상 15세기대 조선에서였다. 15세기에 발간된 『선택요략』에는 2월이 육신천정이고, 3월이 육경천형으로 되어 있다. 1766년의 『증보산림경제』에는 다시 2월과 3월이 뒤바뀐다. 정(庭)과 연(延)의 차이는 알 수 없지만, 판본이나 필사에서 발생하는 오기(誤記)였거나 대체자(代替字)가 아닐까 추측되지만 분명하지 않다. 완주 둔산리에서 출토된 목함의 4자 주서는 육경천형이었고, 피장자인 류응원(柳應元 1560~1637)은 3월에 세상을 떠난 것으로 기록되어 있기 때문에 15세기부터 써오던 양진중상법에 의존하고 있음을 알 수 있다.

류응원 무덤 출토 목함의 4자 주서는 다음과 같은 학사적 의미를

표 1 양진중상법의 四字朱書 비교(이종철 2020)

구분	增補玉匣記	選擇要略	增補山林經濟	탄허「제살법」
	중국 晋代	15세기 중반	1766년	1980년대
1월	六庚天刑	六庚天刑	六庚天刑	六庚天形(刑)*
2월	六庚天刑	六辛天庭 ǀ 六辛天建	六庚天刑	六庚天形(刑)*
3월	六辛天建	六庚天刑	六辛天廷	六辛天延
4월	六壬天牢	六壬天牢	六壬天牢	六任天窂(牢)*
5월	六癸天气	六癸天獄	六癸天獄	六癸天獄
6월	六庚天刑	六庚天刑	六庚天刑	六庚天形(刑)*
7월	六甲天福	六甲天福	六甲天福	六甲天福
8월	六乙天德	六乙天德	六乙天德	六乙天德
9월	六庚天刑	六庚天刑	六庚天刑	六庚天刑
10월	六丙天成	六丙天威	六丙天威	六丙天陽
11월	六丁天阴(陰)*	六丁天陰 ǀ 六丁太陰	六丁天陰	六丁天陰
12월	六庚天刑	六庚天刑	六庚天刑	六庚天刑

※ ( )* 는 필자 교열

지닌다. ① 전주류씨 진학재공파 선산에서 유일하게 발견된 양진중상법의 실제로서 학계에 보고된 첫 사례로 판단된다. ② 1637년이라는 분명한 연대를 갖는 4자 주서의 첫 사례 보고에 해당한다. ③ 육경천형이 3월에 사용된 것을 통해 15세기대의 양진중상법이 17세기 전반까지 활용되었음을 보여주는 사례이다. ④ 목함과 4자 주서는 본디 종이를 활용해왔던 양진법과는 달리 15세기대의 지시사항에 의한 결과였을 가능성이 높아 조선식(朝鮮式) 해석이 존재했을 가능성을 시사해준다.

이상에서 살펴본 양진중상법은 다음과 같은 과제가 남아 있다. ① 4자 주서의 구성원리는 무엇인가? ② 왜 월별로 다른 4자 주서가 쓰였고, 육경천형의 빈도가 상대적으로 높은 것인가? 이러한 과제를 해결하기 위해서는 원전이 필요하다. 그러나 원전의 존재는 알 수 없고, 원리에 대한 설명도 나와 있지 않기 때문에 4자 주서의 구성원리에 대해서는 명쾌하게 설명할 수가 없다.

이러한 한계와 이유는 아마도 양진중상법이 방사(方士)들의 술법(術法)에서 출발하였기 때문으로 생각된다. 주자(朱子)는 "옛날에는 장지와 장일을 모두 점쳐서 결정하였으나 지금 사람들은 점치는 법을 알지 못하니 습속을 좇아서 택하는 것이 좋다"고 하였다. 이와 같은 정황을 고려한다면, 민간에서 장기간 발전시킨 이러한 양법이 종족상례에 정착되었고, 이후 유가상례와 융합하면서 전래되었을 가능성이 높아 보인다.

양진중상법은 육(六)과 천(天)을 매개로 육은 십간(十干) 중 8간과 어울리게 하고, 천은 특정 한자를 대응시키는 기본적인 원리가 내재되어 있는 것만은 분명하다. 10간 중 8간은 두 그룹으로 구분되어 순서대로 사용되었다. 즉 「경신임계」와 「갑을병정」이다. 무기(戊己)가 제외되었다. 그리고 순서상 갑을병정이 먼저 나와야 하지만 경신임계가 먼저고, 갑을병정이 나중이다. 따라서 이 순열은 월(月)과 관계된 의도적인 배열일 가능성이 높다. 특히 庚—刑, 辛—庭·延·建, 壬—牢, 癸—獄·气, 甲—福, 乙—德, 丙—威·成·陽, 丁—陰의 조합관계에는 우리에게 알려지지 않은 어떤 의미가 내포되어 있을 것으로 추측된다.

중국의 연구에 따르면, 육경(六庚)은 경(庚)을 앞에 두는 6가지 간

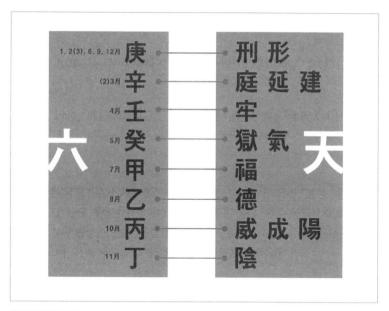

양진중상법의 구성

지(干支)의 총칭이라고 하여 경자(庚子), 경인(庚寅), 경진(庚辰), 경오(庚午), 경신(庚申), 경술(庚戌)에 해당한다고 한다. 육신(六辛)이나 육임(六壬) 같은 점을 치는 비슷한 원리일 것으로 이해되고 있으나 그 이상의 상세한 내용은 알려져 있지 않다.

우리 문화에서 중국으로부터의 영향을 강조하는 것은 사대주의적 관점에서 부정적으로 여겨왔던 것이 사실이다. 그러나 역사적인 기록에 나타나 있는 것이기에 그 역사성마저 부정할 필요는 없을 것 같다. 중국의 양진중상법이 조선 사회에 얼마나 영향을 주었는지는 알 수 없다. 사대부(士大夫) 집안의 무덤에서 확인되는 것을 보면, 특정 계층 또는 일부에서 유용하게 활용해오던 습속이었을 수도 있고, 민간신앙으로서 보편화되었을 수도 있다. 조선시대 무덤에서 양진중상법의 흔적이 일반적으로 발견되지 않는 점을 고려하면 전자일 가능성이 높아 보인다. 그러나 많은 사람들에게 길흉화복의 정보를 제공하기 위해 책으로 발간된 점과, 쉽게 소실될 수 있는 종이라는 점을 고려하면 실제로 무덤에 존재했으나 부패되어 사라졌을 가능성도 배제할 수 없겠다.

지금까지 살펴본 8종류의 4자 주서는 조선시대 민간에 유통되었던 간절한 기원이자 맹목적인 믿음에 가깝다. 붉은 글씨 네 글자가 죽음을 막아준다는 믿음은 엄숙한 상장례의 틈을 파고들었고, 남겨진 자들의 위안으로 작용하였다. 죽음 앞에서 무엇을 가리겠는가? 일단 살고 봐야 한다는 의지는 이성(理性)과 논리에 앞서기 마련인 것이다.

지금의 관점에서 보면, 붉은 글씨 네 글자에 죽음과 삶을 맡겼다는 것에 실소를 금할 수 없다. 그러나 전통적으로 내려오던 습속이었다면 하나의 문화로 이해할 수밖에 없다. 21세기를 사는 지금도 부적의 신묘함을 믿는 사람들이 존재하지 않던가? 4자 주서의 종류와 원리를 만든 사람이나 그것을 믿는 사람들에게는 상식적으로 이해할 수 없었던 당시의 심리적 정황과 사회적 분위기를 감안해서 보아야 하기 때문이다. 앞으로 조선시대 분묘 고고학 분야에서 좀 더 많은 사례가 발굴되어 밀도 있는 연구가 진행되기를 기대한다.

도움글

2020, 「17세기 류응원 무덤 출토 木函의 성격과 의의 : 조선시대 禳鎭重喪法의 실제」, 『호남고고학보』 65, 호남고고학회.
趙嘉寧 註譯, 2012, 『增補万全玉匣記』, 中医古籍出版社.

全州文明의 오리진,
　　청동기시대 송국리형문화

- 만경강 유역권의 청동기시대 문화
- 청동기시대의 상징, 송국리문화
- 송국리형문화 단계의 취락사회와 취락구성

송국리형문화는 금강 하류역 일대에서 형성된 것으로 알려져 있다. 만경강 유역에서는 전주에 거점취락을 이루면서 전주 문명의 오리진이 되었다. 만경강 유역권을 비롯한 호남의 전역에 이 문화가 파급되어 오랜 문화적 전통을 이루었다. 이에 전국적인 양상을 이루는 송국리형문화에 대해 자세히 살펴보기로 한다.

만경강 유역권의 청동기시대 문화

I. 머리말

만경강 유역권이 독자적인 고고학의 영역으로 전환될 수 있었던 결정적인 계기는 전북혁신도시 일원의 발굴조사 성과라고 하여도 무리는 아니다. 이를 바탕으로 북쪽의 미륵산에서 남쪽의 모악산 사이에 펼쳐져 있는 분지형 공간을 '만경강 유역 문화권'으로 설정(최완규 2016: 11)할 수 있게 되었다. 다만 이러한 문화권의 성격은 청동기와 철기를 중심으로 하는 초기철기시대의 문화상으로 대표되기 때문에 청동기시대에도 독자적인 문화집단 또는 지역집단으로 대표되는 문화상의 존재를 설정할 수 있는가에 대한 검토가 필요하다.

만경강은 전라북도 동쪽에서 서쪽을 가로지르는 74㎞의 전형적인 곡류하천이며, 대조(大潮) 시에는 삼례부근까지 하천 수위가 상승하는 감조하천이다(한국민족문화대백과사전). 진안군과 완주군의 경계에 있는 운장산 자락의 동상면 사봉리 밤샘에서 발원하여 완주, 전주, 익산, 김제, 군산을 거쳐 서해로 흘러든다. 강의 상류는 산악지대를, 중류와 하류는 야트막한 구릉지대와 평야지대를 이루고 있을 뿐만 아니라 본류는 전라북도를 남북으로, 지류는 동서로 가르는 지형적 특징을 갖는다. 이러한 형세는 강의 남쪽과 북쪽에 펼쳐진 평지(저지대 포함)를 기름지게 하는 역할을 하여 다양한 문화집단의 시대별 양상을 시공적 관점에서 살펴볼 수 있는 장점이 있다. 밭 100이랑을 뜻하는 경(頃)이 만(萬)개나 되어 100만 이랑을 뜻하니, 기름진 농토로 펼쳐진 드넓은 곳[萬頃]이라는 의미와 잘 맞닿아 있다.

만경강 유역권의 청동시시대 문화는 지난 2016년(호남고고학회)과 2019년(한국청동기학회)에 개최된 학술대회에서 이미 논의되었다. 그 시간축은 청동기시대 조기~점토대토기문화 단계로 우리나라 고고학 편년상 청동기시대~초기철기시대(또는 철기시대)에 해당한다. 따라서 가장 최근에 이루어진 연구 성과로 볼 수 있기 때문에 2019년 ~2020년 사이에 특별한 유적의 조사 성과가 없는 한 만경강 유역권의 청동기시대 연구를 대표할 수밖에 없다.

이번 학술대회를 계기로 기존에 논의되지 않았거나 부족했다고 판단되는 사항들을 재점검할 필요는 있어 보인다. 발표자는 2019년 만경강 학술대회 내용과의 중복을 피하고 생산적인 논의를 위해서 연구자들의 주장과 그에 따른 문제 제기를 분명히 하고, 2020년에 실시한 황방산 일원에 대한 정밀지표조사와 2019년~2020년 사이에 조사된 유적들에서 확보한 새로운 정보를 추가하여 좀 더 밀도 있게 접근해보고자 한다.

이번 발표의 시간적 범위는 청동기시대이며 조기~후기의 4분기를 대상으로 한다. 공간적 범위는 동서로 형성된 만경강 본류와 남쪽 및 북쪽에 각각 형성된 각 지류들을 모두 포함한다. 그 북쪽 경계는 만경강의 지류인 탑천과 금강의 지류인 산북천 사이로, 남쪽 경계는 신평천-(김제)-두월천으로 설정한다. 강의 지형적 특성을 고려하여 상류권·중류권·하류권으로 구분하고, 하천과 하천이 경계를 이루는 공간을 구역화하여 고고학적 양상을 대조하기 위한 섹터로 활용하고자 한다.

Ⅱ. 유적의 분포와 연구 성과

1. 유적의 분포

1) 만경강 유역의 공간적 구분

만경강은 동부 산악지대의 계곡을 따라 서진하여 봉동에 이르는 구간을 상류권, 봉동에서 만경대교(고척천과 탑천 합류지)까지 사행하는 구간을 중류권, 만경대교에서 서해 초입까지를 하류권으로 구분할 수 있다(표 1).

표 1 만경강 유역의 공간 구분

| 구분 | 만경강 | | |
	하류권	중류권	상류권
구간(W-E)	서해 초입~탑천	탑천~봉동	봉동~동상면 밤샘
지형적 특징	저지대, 독립 산지 간석지	평지성 구릉, 저지대 사행곡류	산악지대 계곡, 곡간평지
문화권(N-S) 경계	탑천-용암천		미륵산-봉실산-모악산
구역	N5	N4, N3, N2, N1	E
	S5	S4, S3, S2, S1	

만경강 유역권은 본류를 중심으로 남쪽과 북쪽에 형성된 다양한 지류가 공간을 구획함으로써 독립적인 공간을 만들어낸다. 수계권을 고려하여 북쪽은 미륵산을 경계로 금강의 지류인 산북천 유역 이남을, 남쪽은 신평천-김제시-두월천(월평천의 지류)을 경계로 삼을 수 있다. 이에 따라 북쪽은 서쪽으로부터 고척천·탑천·익산천·석

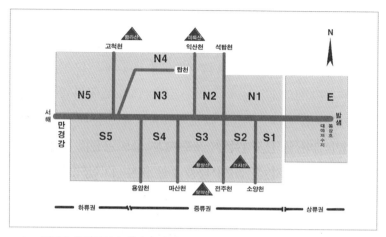

그림 1 만경강 유역권의 수계별 구역 설정

탑천에 의해, 남쪽은 용암천·마산천·전주천·소양천에 의해 구역
이 설정될 수 있다. 이러한 관점에서 탑천의 북쪽 지역(N4구역)은 만
경강 유역권과 금강 유역권(논산권)의 복합적 양상을 고려할 수 있는
공간으로 이해할 수 있겠다(그림 1).

2) 유적의 분포

만경강 유역권에서 확인된 청동기시대의 유적은 일반적으로 주
거지·수혈·구상유구 등으로 구성되는 생활유적과 지석묘·석관
묘·석개토광묘·토광묘·옹관묘 등의 매장유적으로 구분할 수 있
다. 그림 2는 생활유적과 지석묘 유적의 분포를 나타낸 것이며, 생활
유적은 시기별로 구분하였다.

본류와 지류에 의해 구분되는 구역 설정을 도식화한 그림 1과 그림
2를 바탕으로 유적의 분포 및 취락의 공간 분포와 밀도를 살펴보면

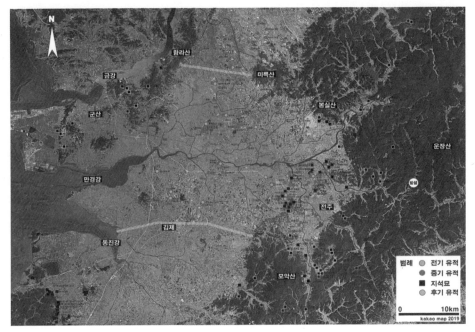

그림 2 만경강 유역권의 청동기시대 유적 분포

다음과 같은 특징을 갖는다.

첫째, 취락은 주로 중류권에서 확인되며, 상류권에서는 아직까지 보고된 바 없다. 하류권에서는 김제권(S5)에서만 확인되며, 군산권(N5) 일부에서 극히 소규모로 발견된다.

둘째, 전기 유적은 주로 익산권(N3·N2)·김제권(S5)·전주권(S3)에서 확인되지만, 밀집도는 낮은 편이어서 점상분포와 같다. 반면 중기 유적은 봉동 일원(N1)과 상류권(E)을 제외한 모든 구역에서 확인된다. 그만큼 전기에 비해 취락 점유도가 높아졌음을 알 수 있으며, 지점별 밀집도 역시 상대적으로 높아졌다. 후기 유적은 전기 유적보다도 월등히 적은데, 삼천 일원(S3)·소양천 일원(S1)·군산권(N5)에서 소규모로 확인된다. 따라서 유적의 점유도는 중기〉전기〉

후기로 파악된다.

　셋째, 취락의 상대적인 점유도는 전주천−황방산−삼천 일원인 S3구역에서 가장 높게 나타나며, 전주 송천동 일원(S2)과 익산 일원(N3)이 그 다음을 차지한다(그림 2). 따라서 만경강 유역권에서 S3구역은 취락의 점유가 가장 활성화된 곳이며, 전주천과 삼천을 따라 일방형의 지역연계망이 존재했을 가능성을 시사해준다.

　넷째, 지석묘는 만경강 중류권의 구릉·평야지대에서는 확인되지 않는 반면, 군산 일원의 야산(N5), 봉동의 봉실산 일원(N1), 전주의 황방산 일원과 삼천 일원(S3), 소양천 일원(S2·S1), 상류권의 고산천 일원(E)에 분포한다. 익산 지역에서는 지석묘가 전혀 보고되어 있지 않다. 이러한 분포로 볼 때 만경강 유역권의 지석묘는 중류권의 낮은 구릉지대와 평원보다는 상대적으로 높은 야산이 있는 서쪽의 군산 일대와 동쪽의 전주·완주 일대에서 보편적으로 조성되었음을 알 수 있다.

　만경강 유역권에서 청동기시대의 문화적 전통성과 지속성은 전주천−황방산−삼천(S3구역)에서 나타난다. 조기문화의 전통성을 계승한 전기 단계 유적(동산동)을 비롯하여 가락동유형과 흔암리유형 단계의 문화상이 활성화되었고, 중기문화의 폭발적인 번성을 이루다가 소규모의 후기문화가 확인되는 구역이기 때문이다. 따라서 2021년 집계에 근거할 때 만경강 유역권의 청동기시대 문화의 중심지는 S3구역으로 볼 수 있다. 이러한 분석은 앞으로 익산권인 N3구역 일원에서 특별한 유적이 조사되지 않는 한 유효한 결과로 인용될 수 있을 것이다.

　청동기시대 유적의 시기별·구역별 분포 현황을 정리하면 표 2와 같다.

표 2 청동기시대 시기별·구역별 취락 분포 현황

	청동기시대 유적				
	조기	전기	중기		후기
N5 군산권			군산 여방리	군산 고봉리Ⅱ,D 군산 아동리	군산 도암리
N4 서수–황 등권			군산 축산리 군산 관원리 익산 율촌리 익산 보삼리	군산 축산리 계남2 익산 서두리1,2 익산 율촌리 분구묘	
N3 익산권		익산 영등동 Ⅰ,Ⅱ,Ⅲ 익산 모현동2 섬다리 익산 신동리1	익산 장신리 익산 모현동(창고) 익산 학동 익산 석치고개 익산 부송동2 익산 팔봉동 익산 덕기동	익산 송학동 익산 모현동(교회) 익산 묵동 익산 영등동Ⅰ,Ⅱ,Ⅲ 익산 부송동 익산 부평Ⅰ,Ⅱ	
N2 왕궁권		완주 구암리	익산 왕궁리 익산 흥암리 익산 원수리	익산 광암리 익산 신용리 갓점	
N1 봉동권					
S5 김제권		김제 제상리A,B 김제 수록리C 김제 부거리Ⅰ 김제 상동동Ⅰ	김제 장산리 김제 내죽리 김제 양청리 김제 상동동Ⅲ	김제 수록리C 김제 부거리Ⅰ,Ⅱ 김제 검산동	
S4 백구권		김제 반월리·부용리	김제 반월리·부용리 김제 석담리B,D	김제 월봉리	
S3 황방산권	?	전주 성곡 전주 장동Ⅱ 전주 반월동265 전주 동산동 전주 여의동1 전주 원만성1,(A?) 전주 효자4	전주 반월동222–5 전주 동산동 전주 반용리 전주 팔복동 전주 만성동·여의동 완주 반교리 전주 마전Ⅲ·Ⅳ 전주 봉곡 전주 효자4 전주 대정 전주 평화동	전주 반월동265 전주 유상리 전주 장동Ⅱ 전주 여의동先史 완주 신풍–가 완주 옥정B 전주 척동 전주 효자5 전주 효자동복합 전주 중인동	전북혁신도시 일 부(정문동, 중동 등) 전주 대정Ⅳ
S2 건지산권		전주 필천리·오산리	전주 필천리·오산리 전주 송천동2가 전주 오송리	전주 송천동 전주 송천동97–20	
S1 용진권			완주 상운리	완주 운교	완주 상운리 완주 운교
E 고산권					

2. 연구 성과와 문제 제기

만경강 유역권의 청동기시대 문화에 대해서는 2016년과 2019년에 개최된 학술대회에서 심도 있게 논의되었다. 여기에서 제기된 주요 연구 성과를 정리해보고, 문제점이나 다른 시각으로 접근할 수는 없는지 살펴보기로 하겠다.

1) 조기 문화요소의 존재 확인

전주 동산동 유적의 발굴조사를 통해 김규정(2016: 83-88)은 미사리유형 취락과 가락동유형 취락으로 구분하였다(그림 3). 돌대문토기와 이중구연토기를 구분의 근거로 삼았다. 그 시기는 2900B.P.를 전후(기원전 1300~1000년)한다고 하였다. 천선행(2019: 28-30) 역시 동산동의 미사리유형 취락을 전기에 두고, 익산 영등동과 가장 이른 시기의 청동기시대 유적으로 간주하였다. 다만 차이가 있다면, 김규정은 조기 단계를 인정하지 않는 반면, 천선행은 조기 단계를 인정한다는 것이다. 둘의 공통점은 이러한 편년 차이에도 불구하고 동산동 미사리유형의 시간적 위치를 전기에 둔 것이다.

이에 반해 김승옥(2016: 39)은 동산동의 미사리유형 취락을 조기 유적으로 판단하고 조기 후반에 등장하여 전기 전반까지 존속했던 것으로 보았다. 이는 조기 단계 설정을 인정하는 것일 뿐만 아니라 두 유형이 시기차를 두고 형성되었다는 것을 의미한다.

만경강 유역권의 조기 단계는 획기 설정도 중요하지만, ① 돌대문토기문화로 대표되는 미사리유형의 전통을 확인한 점(익산 모현동 2가 섬다리, 익산 영등동, 전주 동산동), ② 미사리유형이 전기 단계까

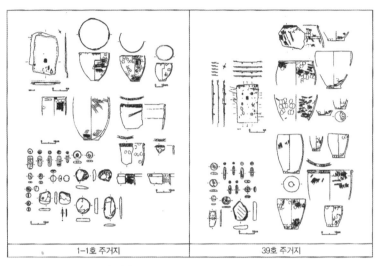

| 1-1호 주거지 | 39호 주거지 |

그림 3 전주 동산동 전기 취락(김규정 2016)

지 존속한 사실을 재확인한 점, ③좀 더 이른 시기로 소급되는 조기 문화의 존재 가능성을 예상해볼 수 있는 계기가 마련된 점에 의의를 찾을 수 있겠다.

　그러나 간과할 수 없는 중요한 핵심은 동산동 유적을 미사리유형과 가락동유형으로 구분한다면 가락동유형의 정체는 무엇이고, 주거 형태(39호: 위석식노, 장축 2열 주공 등)와 복합 양상을 중심으로 어떻게 두 유형의 취락이 함께 존재하게 되었는가? 그리고 늦은 시기의 미사리유형을 주체로 본다면, 시간의 흐름에 따라 어떻게 변천해 갔는가? 또는 어떻게 문화요소들의 복합(주거형태, 토기 등)이 이루어졌는가?의 문제일 것이다. 이에 대한 좀 더 적극적인 고고학적 접근과 해석이 필요해 보인다.

2) 전기 단계 문화집단의 정체 파악

만경강 유역권에서도 전기 단계에 해당하는 많은 유적들이 조사 되었다. 돌대문토기를 중심으로 이중구연과 구순각목문토기가 발견되는 1군/ 이중구연단사선계의 토기가 발견되는 2군/ 이중구연단 사선문계 토기와 공열문 요소가 함께 발견되는 3군/ 세장방형의 대형주거지가 발견되는 4군으로 구분하거나(김승옥 2016: 40), 미사리 유형과 가락동유형으로 대별하고 극소수의 역삼동유형 요소의 혼입으로 보거나(김규정 2016: 87), 토기문양상 돌대문계/가락동계/역삼동·흔암리계가 확인되지만 가락동유형이 압도적이고, 역삼동유형의 존재가 불명확하기 때문에 가락동유형의 변화에 따른 양상이라는 견해(천선행 2019: 29-30)로 정리된다. 특히 한 유적 당 주거의 수가 매우 적을 뿐만 아니라 단독으로 분포하는 소규모 유적들이 많아 취락 규모의 현저한 차이 및 유기적인 관계성, 취락 간 위계 관계 등이 뚜렷하지 않다는 특징(천선행 2019: 30)을 살펴볼 수 있다.

이러한 배경에서 전기의 생업체계는 집약적 수전농경보다는 곡간의 저지대를 이용한 소규모 농경과 수렵·채집·어로가 조합된 혼합경제방식을 영위했을 가능성과 소규모 집단들로 하여금 이동성 농경취락의 점유방식을 강제했을 가능성이 제시되었다(김승옥 2016: 42).

아무튼 전기 취락의 주체는 가락동유형으로 간주하는 입장이 대세다. 이러한 결과 때문에 만경강 유역권의 전기 단계는 늦은 시기의 미사리유형과 대부분의 가락동유형 또는 가락동유형의 변화형 정도로 인식되고 있다. 그 시기는 대체로 기원전 13~10세기 정도로 추정되고 있다.

김규정은 대부분의 전기 유적을 가락동유형의 취락으로 간주한 반면, 천선행 역시 이에 동의하면서도 나름의 이의를 제기하였다. 즉 만경강 유역권의 가락동유형은 금강 유역권의 가락동유형과 관련되는 것은 분명하지만, 금강 유역의 가락동유형에 온전히 포함시키는 것에는 문제가 있다는 지적이다. 가락동유형으로 볼 수 없는 문화요소들이 복합되어 존재하기 때문에 지배적인 성격으로 볼 수 없다는 것이 요지다. 그리고 이러한 현상에 대해 금강 유역의 주민들이 이주하고 정착하는 과정에서 토착민과의 관계를 통해 변형이 발생했다고 해석하였다. 그러나 신석기시대 토착민과의 관계는 금강 유역이나 만경강 유역에서 논증된 것도 아니고 명확한 고고학적 근거를 바탕으로 하는 것도 아니어서 좀 더 자료의 축적을 기다릴 필요가 있어 보인다.

한편 지금까지 가락동유형으로 대표되는 이중구연+단사선문토기에 너무 집중한 나머지 주거 내부시설에 대한 고민이 상대적으로 적었던 것은 아닐까 생각된다. 이러한 관점은 만경강 유역권의 이른 시기(1기)에 해당하는 가락동유형의 주거가 역삼동유형 주거의 내부시설이라는 점에서 공열토기(발표자는 역삼동유형)의 부재를 단정지을 수 없다(홍밝음 2010: 30)는 지적과 궤를 같이한다. 다시 말하면, 김규정과 천선행이 제시한 가락동유형 취락의 일정 부분은 역삼동유형과 복합화 과정에서 기인한 결과로 보아야 하며, 이것은 흔암리유형의 형성 단계 또는 이미 진입한 단계로 인식해야 한다는 것이다. 물론 A+B=C라는 도식은 무리이겠지만, 흔암리유형을 탄생시키는 두 문화의 복합화 과정이라는 것을 부정할 수 없다. 결국, 가락동유형과 역삼동유형의 각 전개 및 흔암리유형의 전개는 지역과 시기에 따라 달라질 수 있기 때문에 가락동유형과 역삼동유형의 존재 속에서 그들의 상호관계를 파악해야 할 뿐만 아니라 동시에 이와는 별도로 흔암리유형의 전개를 같은 관점에서 살피는 것이 필요하지 않을까(이종철 2015b: 151) 한다. 이는 전주 동산동 취락에서 돌대문 토기와 이중구연토기가 출토되는 주거(39호)가 왜 가락동식주거인 가에 대한 의문과도 통하는 것이다.

흔암리유형을 인정하지 않고 역삼동·흔암리유형으로 통합하거 나 역삼동유형으로 간주하는 연구들이 대세이지만, 엄연히 구분된 가락동유형과 역삼동유형의 단위(문화요소 등)를 고려한다면 복합화 양상 등의 문화변동으로 나타나는 흔암리유형 또는 그러한 고고학 적 양상의 단계 설정은 간과할 수 없다(이종철·정다운 2020: 326). 이 는 A+B의 결과가 C일수도 있고 AB 또는 Ab 또는 Ba일 수도 있다. 융합적 관계로 변화될 수도 있고, 단순 교류를 통해 문화요소만을 받아들일 수도 있다. 융복합은 되었지만 집단에 따라 물질문화상의 지배적 양상은 대등할 수도, 각각 다를 수도 있는 것이다. 이러한 문 화적 다양성이 시기와 지역을 달리한다면 그 경우의 수는 더욱 많아 질 것은 자명하다.

3) 전기 단계 취락의례의 확인

전기 단계의 취락에서 의례 또는 제의와 관련되는 유구의 존재 는 매우 드물었다. 그런데 2010~2011년에 완주 구암리(군산대학교 박물관 2013)에서 방형의 환구를 갖춘 제의유구가 조사되었다. 구릉 의 정상부에서 개구부가 있는 방형의 환구가 확인되었고, 그 중앙부 의 제의유구에는 할석과 소토층이 반복적으로 퇴적되어 있었다. 할

석들에서 불에 그을린 흔적이 확인됨에 따라 불과 관련된 제의행위가 있었을 것으로 추정하였다. 내부에서는 이중구연+단사선문, 이중구연+단사선문+구순각목문 토기와 구순각목문 토기가 확인되었다. 유적에서 검출된 탄소연대는 2940±30B.P.(제의유구)와 2930±30B.P.(환구)로 나타났다. 조사자는 환구와 가락동유형의 주거가 공존하는 시기, 환구가 폐기된 후 역삼동·흔암리유형의 주거가 등장하는 시기로 구분하였고, 김규정의 편년(전기Ⅱ기)을 인용하여 기원전 11~9세기로 판단하였다.

제의유구의 조사는 매우 괄목할 만한 성과였지만, 방형의 환구를 갖춘 제의 유구가 과연 가락동유형 단계(1단계)에서만 존재했는가에 대해서는 의문이다. 조사자는 2단계에 1단계의 중첩이 없는 주거들이 지속되었는가에 대해 확실하지 않다고 보았다. 김규정(2014: 30)은 1단계의 주민들만이 제의유구와 관련성이 있는 것으로 보았다. 출토유물상 공열토기의 존재와 주거지 중첩이 1단계와 2단계를 구분하는 근거로 작용하고 있지만, 1단계와 2단계에 지속적으로 공반되는 특징적인 유물이 존재하기 때문에 취락의례가 환구의 일부 폐기만으로 완전히 종식될 수 있는가에 대해서는 면밀하게 검토될 필요가 있다.

결론적으로, 구암리 취락은 ① 토기상으로는 가락동유형이 지배적이지만, 주거 구조와 시설은 역삼동유형의 전통이며 실제로 4-1호에서 공열토기가 출토되었다. ② 1단계와 2단계는 단절적인 관계가 아니라 취락의례에서 환구+중앙부 의례유구가 공존하던 시기와 환구가 전부 또는 일부 폐기되고 중앙부 의례유구가 사용되는 시기로 해석할 수 있다. 거의 동일한 토기문화와 지속적으로 사용되는 돌기형 꼭지가 붙은 발형토기의 존재를 들 수 있다. ③ 구암리 취락이 온전한 가락동유형 취락으로 볼 수 없는 이유는 주거 내부시설과 공열토기의 존재에 있으며, 어떤 식으로든 복합화 과정을 겪었을 가능성이 높다는 점이다.

4) 중기 단계의 거점취락 확인

만경강 유역권에서 가장 두드러진 성과는 송국리형문화 단계의 거점취락이 전주천 하류역에서 조사된 점이다. 바로 동산동 유적인데, 만경강 유역권에서 이 유적과 대등하거나 규모를 능가하는 유적은 아직까지 조사되지 않았다. 향후 익산권(특히 N3구역)에서 조사되지 않는다면 진안 여의곡 유적과 더불어 전북의 동서를 대표하는 거점취락으로 상정할 만하다.

발표자(2015a: 280-281)는 거점취락을 중심취락, 중핵취락 등과 대동소이한 개념으로 생각하고 있으며, 다음과 같은 특징을 제시한 바 있다. ① 성장 가능성이 상대적으로 큰 근거지(충적대지 등)에 입지, ② 규모·인구·사회체제·경제적 기반에서 상위취락으로서의 역할, ③ 위성취락과 같은 중·소규모 취락들의 존재, ④ 풍족한 자원을 바탕으로 분업화·전문화된 조직체계를 이룬 고도의 인적 구성, ⑤ 공간의 영역화(주거·생산·매장·저장·의례 등), 주거의 체계적인 배열, 무덤의 기획적 축조, 대규모 곡물 재배, 잉여의 관리체계 등 조직적으로 발달된 사회체제, ⑥ 유기적인 협력관계와 전달체계가 구축된 지역연계망의 형성이다. 이러한 특징들을 보유한 취락은 지역별로 존재하며, 일반취락들과 함께 지역의 대표성을 갖는다.

동산동 유적의 기본적인 취락 개념은 이미 제시된 바 있지만(전북

표 3 전주 동산동 취락의 공간 구성(이종철 2019)

대취락	주거영역		생산영역	매장영역	저장·보관영역	
동산동 취락	북 취락	남 취락	천변 쪽에 밭(?)	• 전주천변 쪽 옹관묘군(12) 토광묘군(11) • 북취락의 북쪽 650m 지점에 지석묘(1) • 주요 매장지는 다른 곳에 있을 가능성	서군	동군
	단위주거군5	단위주거군6			관리 주86	관리 주76
	단위주거 ○□	단위주거 ○□			굴립주 10	굴립주 1
	대-중-소	초대-대-중-소			독립된 위치	남북취락 공동
	굴립주건물	–			광장 내 5개 수혈- 2개의 방향성	
	평지 배경	저습지 배경				
	군집분포	열상·군집분포		의례영역		
	광장을 중심으로 열상·환상분포 광장 직경 50m			공동의 장소 : 취락의 중심부 특정 제의영역의 존재 가능성(?)		
	광장 서쪽으로 큰 골목(폭 25m)			제사유구(?) : 북→남 5개 수혈 시간성		
	광장 서·동쪽에 저장·보관영역					

문화재연구원 2015), 이를 좀 더 세부적이고 체계적인 취락구성의 관점에서 살펴보면(표 3) 다음과 같은 특성들을 추출할 수 있다(이종철 2019, 2021). ① 송국리형문화 발전기의 취락으로서 기원전 7~6세기를 중심으로 하는 전북 서부 지역의 거점취락, ② 범람원인 전주천변과 특정 저습지(구하도?)를 배경으로 취락지 선택, ③ 1개의 대취락 내 2개의 단위취락(남/북)-광장-골목(大·小)-저장·보관영역-매장영역의 취락설계, ④ 단위취락 내 단위주거군(세대/가구 관계)의 결속력 유지, ⑤ 주거의 초대-대-중-소 체계 구축, ⑥ 제의 등과 같은 공동체의식을 고무하는 구심점으로서 마을 중앙에 광장 설계, ⑦ 저장·보관영역 관리체계 유지 등을 추출할 수 있다. 특히 ⑧ 지석묘가 평지성의 낮은 능선을 따라 650m 지점에 있는 난산형(卵山形)

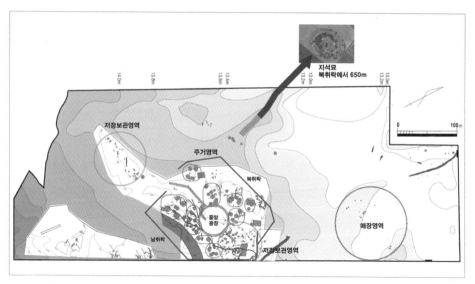

그림 4 전주 동산동 취락의 공간 구성(이종철 2021)

의 독립 구릉에 조성되어 있어 특정 유력자를 위한 매장지와 옹관묘·토광묘 중심의 매장영역이 분리되어 있었음을 알 수 있다. 그리고 ⑨ 난산의 독립 구릉으로 연결되는 낮은 능선의 존재를 통해 취락민들의 삶터와 유력자의 매장지를 연결해주는 광의 개념의 묘도(墓道)를 상정할 수 있다(그림 4). 무엇보다도 ⑩ 우리나라에서 조사된 송국리형주거 가운데 최대 규모를 이루는 첫 번째와 두 번째 순위가 동산동 취락에 존재한다는 점이다. 첫 번째인 67호(60.7㎡)는 2개의 타원형구덩이와 6주가 설치된 증축·확장형 주거이고, 두 번째인 68호(59.5㎡)는 4주형이다. 68호는 기본 4주형 가운데 우리나라에서 가장 크다. 이러한 건축기술은 전문기술자(장인)의 존재와 취락사회의 발전 수준을 가늠할 수 있는 하나의 근거로 판단된다.

동산동 거점취락은 전주천변의 하류역에 위치하는 대단위 충적대지를 배경으로 입지한다. 취락은 해발고도가 13~14m인 완만한 평지성 구릉상에 위치하는데, 본디 황방산으로부터 뻗어내린 완만한 줄기가 만성동-팔복동을 거쳐 동산동까지 이르는 최말단부에 해당한다. 앞 시기에 점유했던 돌대문토기문화의 취락과 동일한 지점이라는 점에서 주거영역으로서의 환경적 가치를 상정할 수 있다. 황방산 일원을 비롯하여 전주천과 삼천에는 기원전 7~6세기대에 해당하는 중·소규모의 송국리형취락들이 밀집분포하고 있어 동산동취락을 거점으로 하는 지역연계망의 존재 가능성은 매우 높아 보인다(이종철·정다운 2020: 336-339).

동산동 취락에서 해결해야 하는 문제점 또는 과제도 있다.

첫째는 매장영역에 함께 조성된 토광묘군과 옹관묘군 중 옹관묘군의 성격이다(그림 5). 옹관묘로 활용된 토기는 전기 단계로 인식되고 있는 직립구연호인데, 과연 돌대문토기문화 집단의 옹관묘인지 아니면 소규모 가락동유형 집단의 무덤인지 또는 송국리형취락의 무덤인지 의견이 갈리고 있다. 옹관묘가 전기에 해당한다면(전북문화재연구원 2015) 두 문화 집단 중 어디에 귀속될 것인지를 명확히 밝혀야 할 것이

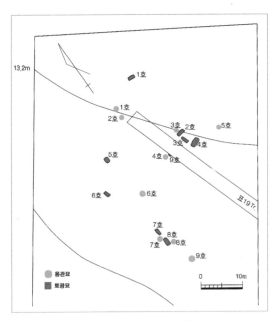

그림 5 동산동 취락의 옹관묘·토광묘 묘역

고, 송국리형취락에 귀속된다면(호남문화재연구원 2015, 이종철·정다운 2020) 옹관에 대한 타당한 설명이 제시되어야 한다.

둘째는 매장영역의 존재가 취락 규모에 비해 소략하다는 점이다. 취락의 점유기간을 고려할 때 지석묘군이나 송국리형 묘제(석관묘, 석개토광묘)의 존재가 확인되지 않은 점은 매우 의문스러운 일이다. 비록 최근에 북취락에서 북쪽으로 650m 지점에 있는 난산형(卵山形)의 독립구릉 정상부에서 1기의 지석묘를 새로 찾았기(이종철·정다운 2020) 때문에 유력자 무덤의 존재는 확인했다고 볼 수 있겠지만(그림 4 참조), 그 이상의 유력자 무덤과 석관묘·석개토광묘의 존재를 밝혀내는 것이 남아 있다. 황방산 일원의 지석묘가 발굴조사되지 않아 아직 결론에는 이르지 못하였지만, 발표자는 황방산 정상부와 주변에 밀집분포하는 기반식 지석묘들이 동산동 취락과 관련이 있을 것으로 생각하고 있다. 물론 만성동·여의동 취락을 간과할 수는 없는 일이다. 다만 동산동 취락이 주거의 분포와 취락체계 면에서 우위에 있다는 점은 사회적 위계를 설명하는 데 좀 더 설득력이 있지 않을까 한다.

5) 청동기시대 무덤의 현황 파악

만경강 유역권을 대상으로 청동기시대 무덤이 정리되어 전반적인 양상이 파악되었다(천선행 2019: 37-38). 연구에 의하면, 지석묘의 비중은 전북권 내에서 낮은 반면 석관묘·석개토광묘·옹관묘 등 송국리형 묘제가 우세한 것으로 나타났다. 특히 익산권에서는 석관묘·옹관묘·토광묘·석개토광묘가, 군산권에서는 석관묘·옹관묘, 전주와 완주권에서는 익산권과 동일하나 상대적으로 옹관묘가 감소

하고 석개토광묘가 증가한다. 김제권에서는 옹관묘·토광묘가 확인
되었다. 이러한 지역적 차이는 취락마다 선호하는 묘제가 달랐기 때
문으로 해석하였다.

이상과 같은 해석은 만경강 유역권이 금강 유역권에 포함되어 있
기 때문에 나타나는 자연스런 현상이다. 즉 금강 중하류 지역(송국리
형문화권의 중심지 또는 형성지)에서는 송국리형 묘제의 분포가 현저
한 반면, 지석묘는 거의 발견되지 않고, 서해안 지역이나 금강 상류
지역(주변부)으로 갈수록 두 묘제가 혼합되거나 지석묘가 비로소 활
성화된다는 견해(김승옥 2001: 57-60)와 맥을 같이한다.

그러나 송국리형 묘제와 지석묘의 관계를 중심부와 주변부의 순
수-복합의 관계로 볼 것인가? 아니면 두 문화요소의 원천적인 관
계성은 불명확하더라도 지역적으로 나타나는 국지적인 현상으로 볼
것인가는 좀 더 두고 볼 일이다. 왜냐하면 주변부라고 할 수 있는 많
은 유적들에서 송국리형 묘제가 개별적으로 나타나는 국지적인 양
상들이 발견되기 때문이다. 또한 송국리형문화의 파급 속도와 지역
적으로 나타나는 지석묘-송국리형문화 간 융복합 관계가 파급·전
파·이주 등의 흐름상 자연스럽지만은 않다는 점도 이유가 된다.

6) 후기 취락의 불명확성과 재인식의 필요

만경강 유역권의 대표성은 청동기와 철기문화에 있다. 초기철기
시대로 인식되는 문화 단계의 물질문화들이다. 이러한 초기철기시
대 문화의 융성에 청동기시대 후기 단계를 넌지시 논하는 것은 궁색
하고 어색하기 이를 데 없다. 만경강 유역권 청동기시대문화에서 조
기~중기까지만 거론되고 후기가 빠져 있거나 초기철기문화와 혼합

또는 점토대토기문화로 통합하여 논의하는 데서도 잘 드러난다. 그럼에도 불구하고 후기 취락의 존재를 설정하여 논의하려는 것은 만경강 유역권뿐만 아니라 호남 지역의 토착집단과 재지문화의 중요성을 간과할 수 없기 때문이다.

청동기시대의 후기는 원형점토대토기문화로 대표된다. 이 토기문화는 요령 지역에서 한반도로 이주한 집단의 결과로 보는 데 대부분 동의하고 있다. 따라서 한반도에 이미 정착한 재지집단의 관점에서는 외래문화가 된다. 그 시기는 기원전 8세기대까지 올려 보기도 하지만(이홍종 2006) 기원전 6세기(이창희 2010), 기원전 6세기 말~5세기 초(박진일 2007), 5세기대(이청규 2000, 中村大介 2008, 이형원 2011, 이종철 2015a 등), 기원전 4세기대(진영민 2016), 기원전 4~3세기(이건무 1994) 또는 300년경(박순발 1993) 등 다양한 견해가 제시되어 있다. 이러한 시기적인 차이는 탄소연대, 형식학적 접근, 그리고 정가와자 유적의 연대, 역사 기록 등에 근거한 연구자들의 편년관에 기인한다.

발표자(2015a)는 청동기시대 후기를 기원전 5~4세기로 구분하고, 남부 지역은 기원전 3세기까지 보는 입장이다. 기원전 3-2세기는 청동기문화의 바탕에 철기문화의 유입이 본격화되는 시기로, 기원전 2세기는 철기시대에 해당한다. 남북으로 형성된 한반도에서 철기문화의 도입은 일시적이고 획일적인 것이 아니라 단계적이다 보니 기원전 3세기의 남부 지역은 여전히 청동기시대 후기에 해당하는 데 기인한다. 따라서 금강 유역권과 만경강 유역권의 후기 단계는 기원전 5세기~3세기에 해당한다. 다만 원형점토대토기만 출토될 경우 기원전 5~3세기의 세부적인 구분이 쉽지 않고, 기원전 4~3세기의 원형점토대토기와 기원전 2세기대 일부에 해당하는 원형점토대토기의 구분도 명확하지 않다. 따라서 특별히 시기 구분을 할 수 있는 유물이 출토되지 않는다면, 기원전 2세기대에 해당하는 원형점토대토기문화 유적들도 청동기시대 후기에 포함될 수도 있는 우려가 있다.

이상과 같은 관점에서 만경강 유역권의 주요 후기 주거 유적은 완주 상운리, 완주 운교, 전주 대정Ⅳ 유적을 제시할 수 있으며, 군산 도암리 유적과 전북혁신도시 유적 일부(정문동, 중동 등)를 여기에 포함할 수 있겠다. 혁신도시 유적과 상운리는 방형 주거를, 운교와 도암리는 송국리형주거를, 대정Ⅳ는 말각장방형의 주거를 사용하며, 공통적으로 원형점토대토기가 공반한다. 이들은 대부분 기원전 4~3세기를 전후하는 것으로 추정된다. 따라서 이 시기에는 ① 순수하게 원형점토대토기문화와 방형계 주거로 대표되는 집단(상운리), ② 송국리형주거에 원형점토대토기문화 요소가 복합되는 집단(운교), 그리고 ③ 말각장방형계 주거와 송국리형문화 요소+점토대토기문화 요소가 복합된 집단(대정Ⅳ)으로 구분할 수 있다. 이것은 송국리형문화와 점토대토기문화의 복합 양상으로서 늦은 시기까지 점토대토기문화와 송국리형문화가 공존했음을(이종철 2000·2015a, 이형원 2005·2016) 보여주는 근거가 된다. 군산 도암리는 폐기된 송국리형주거지의 매몰퇴적토상에 원형점토대토기문화 집단의 노지가 조사된 사례로서 두 집단은 무관한 관계이지만 시기적으로 큰 차이가 없다(이종철 2014: 177)는 판단하에 ④ 송국리형문화의 지속으로 볼 수 있겠다. 특히 대정Ⅳ 유적은 10기 정도의 주거로 이루어진 소규모 취락인데, 입대목 제의의 존재 가능성을 높여 주고 있어서 귀추가 주목된다.

후기 단계의 무덤 유적은 군산 선제리, 익산 다송리, 익산 오룡리, 전주 여의동(先史), 전주 원만성1, 전주 원장동 유적 등을 들 수 있다. 한국식동검과 검파형동기의 조합을 이루는 군산 선제리, 한국식동검과 조문경 또는 정(세)문경의 조합을 이루는 석개토광묘계와 적석목관묘계, 그리고 석곽묘(?)와 토광묘 등 다양한 무덤 유적이 존재했던 것으로 판단된다. 다만 이러한 다양성에 대한 기원이나 형성 배경에 대해서는 좀 더 심도 있는 논의가 필요해 보인다.

Ⅲ. 문화적 특징

지금까지 2016년과 2019년에 개최된 학술대회와 2021년까지의 다양한 조사 성과 등을 바탕으로 고고학적 성과와 문제점을 살펴보았다. 이러한 연구 결과를 정리하여 만경강 유역권의 청동기시대 문화를 살펴보면 다음과 같다.

1. 청동기시대 제문화의 취락구성이 파악된다.

만경강 유역권의 청동기시대 취락은 전기-중기-후기 단계로 세분된다. 조기 단계는 아직까지 설정할 수 없다. 비록 전주 동산동의 돌대문토기문화가 조기문화에 속하기는 하지만 시기상으로 전기에 해당될 가능성이 높기 때문이다. 즉 전기 단계에 존재하는 조기문화 전통으로 정리할 수 있겠다.

조기 단계의 설정은 시기상조이지만, 순창 원촌 유적의 존재와 전주 동산동·담양 태목리 유적의 사례를 통해 볼 때 존재 가능성은 얼마든지 열려 있다고 생각한다. 순창 원촌과 전주 동산동 유적의 사이에는 시간성, 문화적 전통성과 변화상이 존재하므로 조기, 조기와 전기의 전환기에 해당하는 유적들이 앞으로 조사될 여지는 있다.

전기 단계에는 늦은 시기의 미사리유형, 가락동유형, (역삼동유형 미조사), 흔암리유형 또는 흔암리유형 단계가 존재하는 것으로 판단된다. 중기 단계는 송국리형문화 단계로 금강 유역권만큼이나 활성화되었으며, S3구역(황방산-전주천-삼천 일원)에서 가장 번성했던 것으로 파악된다. 후기 단계는 순수 원형점토대토기문화의 재지 적응, 송국리형문화의 지속 및 원형점토대토기문화와의 융복합으로 정리할 수 있다.

2. 다변화된 전기 문화를 확인할 수 있다.

전기 문화는 미사리유형(돌대문토기 중심)과 가락동유형(이중구연 단사선문토기 중심)에 집중된 형국이나 가락동유형의 취락들 중에는 가락동유형과 역삼동유형의 복합 단계 또는 흔암리유형 단계(시기)로 볼 수 있는 취락들이 존재한다. 다만, 전주 동산동 취락을 제외하면 대부분 소규모의 주거군이었거나 단일 주거로 구성되었다

미사리유형은 동산동 유적에서 10여 기의 주거군으로 이루어진 (중)소규모 취락을 형성하였다. 전체 취락의 모습은 환상형(環狀形)에 가까운 형태로 완성되었다. 취락이 충적대지에 입지하는 것으로 이해되고 있으나, 본디 충적대지 방향으로 뻗어나간 황방산 자락의 최말단 능선 정상부로 보아야 한다. 따라서 완전한 충적대지라기보

다는 거의 평지에 가까운 능선부에 해당한다. 취락의 일정 시점에 독립적인 가락동유형이 형성되는 것으로 보기도 하지만, 돌대문토기문화 일환 속에서 취락의 문화변동으로 보는 것이 적절하다고 판단된다.

만경강 유역의 가락동유형은 이중구연+단사선문, 이중구연+단사선문+구순각목문이 조합된 토기로 대표되며, 위석식노의 부재와 장축 기둥열의 비활성화가 특징이다. 경기·충청 지역에서 보이는 전형적인 가락동식주거지와는 차이를 보이며, 오히려 역삼동식주거지에서 주로 나타나는 토광식노 또는 무시설식노가 설치된다. 역삼동식토기와의 복합 양상도 확인할 수 있다. A, Ab, AB 등의 변화상이 존재하는 것으로 판단된다.

역삼동유형은 공열문+구순각목문토기가 대표적인데, 개별 토기는 복합 양상 속에서 확인되지만, 서해안 지역을 제외한 내륙에서의 독자적인 취락은 아직 조사된 바 없다. 이것을 역삼동유형의 부재로 인식하고 가락동유형의 대세로 간주하는 원인이 되었다. 그런데도 가락동유형 취락에서 나타나는 공열문토기를 역삼동유형 집단과의 교류 또는 문화요소의 유입 등으로 해석하고 있어 주변에 또는 조금 더 먼 곳에 역삼동유형의 존재를 상정하고 있다. 그 정체가 만경강 유역권인지 아니면 다른 지역인지는 밝히고 있지는 않지만, 향후 조사를 통해 자연스럽게 풀릴 문제라 본다. 만경강 하류역 또는 서해안 지역으로 볼 수 있는 군산 비응도에서는 역삼동 및 흔암리유형의 편린이 확인되기 때문에 충청 서해안 지역에 번성했던 역삼동유형이 서해안을 따라서 만경강 유역권으로 유입되었을 가능성도 얼마든지 있다. B, Ba, BA 등의 변화상이 존재할 것으로 판단된다.

흔암리유형은 가락동유형과 역삼동유형의 다양한 복합 양상인
바, 아직까지 전형적인 고고학자료는 확인되지 않았다. 다만 두 문
화의 복합 과정에서 생겨난 결과라는 점을 고려한다면, 주거 내부
시설의 변화도 주목해야 할 것이다. 따라서 주거 형태, 토기 양상 등
에서 A와 B의 지속적인 변화, Ab, AB 또는 BA, Ba, C 등의 형태로
시공을 달리 하여 변화한 다양한 결과들이 존재할 것이므로 이에 대
한 세부 구성을 이해할 필요가 있다.

만경강 유역권의 가락동유형 취락은 대부분 이러한 복합 과정의
취락일 것으로 판단된다. 다만 첫 단계의 복합 과정이라기보다는 그
이후의 변화 과정에 놓일 가능성이 높다. 이러한 배경에서 가락동유
형의 토기 양상과 역삼동유형의 주거 내부시설이 조합을 이루는 것
은 만경강 유역권의 지역적 특성으로 판단할 수 있겠다.

3. 요령식동검문화가 확인된다.

만경강 유역권은 한국식동검문화의 번성을 대표하지만, 요령식
동검문화의 편린도 확인되고 있는 점을 간과할 수 없다. 요령식동검
문화는 지석묘(석곽묘 포함)문화와 밀접한 관련이 있으며, 송국리형
문화와 시기를 같이하기 때문에 입체적인 접근이 필요하다.

요령식동검문화의 흔적들은 대부분 익산 지역에서만 확인되는
것이 특징이다. 미륵산성 출토 요령식동모(국립전주박물관), 전 익산
출토 요령식동모(원광대학교박물관), 용화산 출토 요령식동검 2점(고
려대학교박물관, 한국교원대학교 교육박물관)이 알려져 있다(그림 6). 미
륵산성 출토품을 제외하면 지표채집이나 구입품에 지나지 않지만,

출토 위치나 지역을
특정할 수 있다는 점
에서 유의미한 고고학
자료로 평가된다.

　이러한 청동유물의
존재는 관련 유적의
존재를 암시해주는데,
지석묘가 대표적이다.
현재까지 익산에서는
지석묘가 보고되어 있
지 않지만 옛기록에서
그 흔적을 찾아 볼 수
있다[1]. 따라서 지석묘
상석이 훼손되었거나

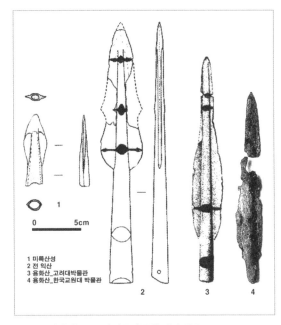

1 미륵산성
2 전 익산
3 용화산_고려대박물관
4 용화산_한국교원대 박물관

그림 6 익산 출토 요령식동검문화 관련 유물

또는 송국리 동검묘와 같은 석관묘 계통이 예상될 수 있다. 또는 미
륵산과 용화산 자락이라는 점을 고려하면 평지와 구릉을 입지로 삼
지 않는 유적의 존재 가능성이 있겠다. 또는 청동기의 제작이나 문

---

1 고려시대 이규보(1168~1241)가 쓴 『동국이상국집』의 「남행월일기(南行月日記)」에
　는 11월 기사일(己巳日)에 마령→진안→운제→고산→예양(禮楊)→낭산(朗山)→금
　마(金馬)→이성(伊城)을 유람하던 중 낭산(익산 낭산면)에서 하룻밤을 보내고 금마
　로 향하던 과정에 '지석(支石)'을 구경한 것을 기록해놓았다. 따라서 미륵산 서남
　쪽(낭산면-삼기면-금마면 사이) 어딘가에 지석묘(탁자식 또는 지석이 눈에 띠는 기반
　식)가 존재했음을 알 수 있다. 따라서 익산 지역은 지석묘의 부재라기보다는 훼손
　등으로 상석이 이동되었을 가능성이 있으며, 미륵산 주변에 분포했을 가능성이
　높다고 판단된다. 이는 미륵산 주변에서 발견된 요령식동모와 요령식동검의 존재
　와도 무관하지 않을 것이다.

물교류의 차원에서도 해석이 가능하겠으며, 그러한 관계를 가능하게 했던 유력 집단의 존재 설정은 자연스럽다. 아무튼 이러한 청동기는 시기적으로 지석묘 문화 또는 송국리형문화와 관련될 수 있으므로 익산 지역에 유력한 지석묘 집단이나 송국리형취락의 존재 가능성을 버리지 못하게 한다.

4. 중기 문화의 번성을 배경으로 거점취락과 지역연계망의 존재를 추출할 수 있다.

송국리형문화의 번성은 만경강 유역권의 대표성을 갖는다. 현재까지로는 S3구역의 황방산과 전주천-삼천을 배경으로 점유했던 송국리형취락군을 중심지로 삼을 만하다. 하류역의 충적대지를 배경으로 동산동 거점취락이 형성되었고, 전주천을 사이에 두고 크고 작은 송국리형취락이 점유하였다. 전주천의 지류인 삼천을 따라 역시 다양한 규모의 송국리형취락이 형성됨으로써 남북 방향의 하천을 따라 일방형의 지역

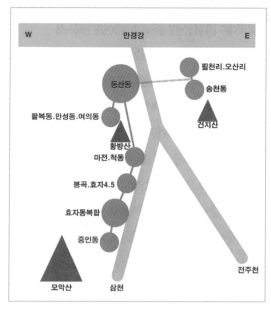

그림 7 전주천 유역 거점취락과 일반취락의 일방형 지역연계망 도식

연계망이 형성되었을 가능성을 높여준다(그림 7). 이 취락들의 탄소연대는 대체로 기원전 7~6세기에 집중되고 있다. 다만 만성동·여의동(만성지구) 일원의 취락은 이보다 약간 이르거나 늦는 양상을 보이고 있어 시기적인 편차가 어느 정도 존재했을 가능성이 있다. 이러한 배경에서 취락 내부에는 송국리형 묘제와 소수의 지석묘가 축조되었으며, 황방산 일원과 삼천의 상류권에는 다수의 지석묘가 분포하고 있어 사회적 위계에 대한 다채로운 논의를 이끌어 낼 수 있을 것으로 기대한다.

금강 유역권의 중추적인 구역 중의 하나인 만경강 유역권에서는 59개 유적 395기의 송국리형주거가 집계되었다. 평면 형태를 알 수 있는 391기를 대상으로 주거 유형의 현황을 파악해볼 수 있었다. 금강의 지류인 산북천 일원에도 많은 수의 송국리형취락이 분포하고 있으나 논산권과 밀접한 관련을 가지는 공간이기 때문에 여기에서는 제외한다. 만경강 유역권에 입지하는 다양한 송국리형취락의 전체 양상과 구역별 세부 현황을 살펴보면 다음과 같다(그림 8·9).

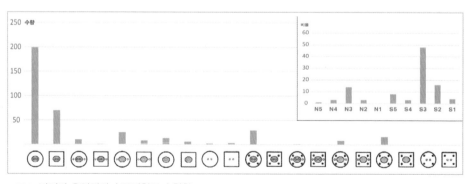

그림 8 만경강 유역권의 송국리형주거 현황

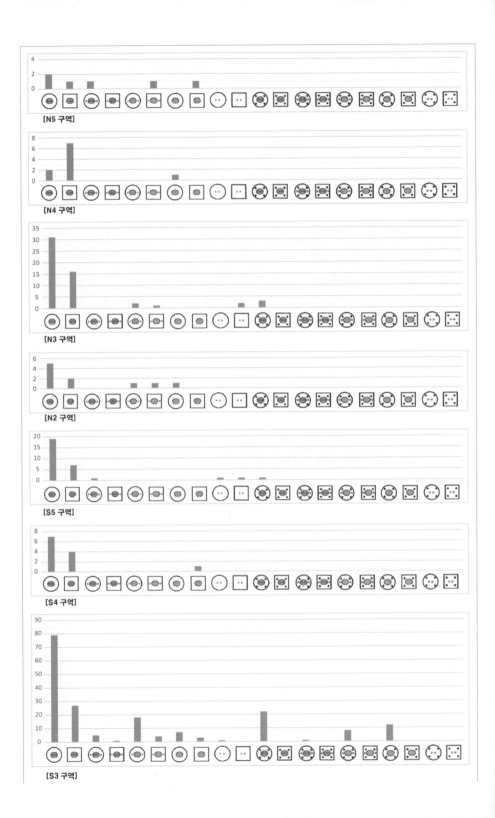

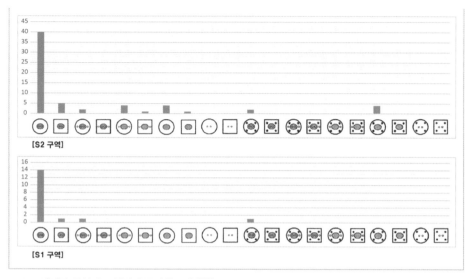

그림 9 만경강 유역권 구역별 송국리형주거 현황

　　만경강 유역권에서는 원형의 내주공식 주거(A①)가 압도적으로
축조되는 것이 특징이다. 방형의 내주공식 주거가 뒤를 따르고 있으
나 원형의 35%에 지나지 않는다. 전체 주거의 원형과 방형의 비율
이 71:29로 집계됨에 따라 원형 주거의 압도적 보편성을 확인할 수
있다. 이러한 가운데 원형의 4주+내주공식(A②), 원형의 외주공식(C
①) 주거가 상대적으로 많이 축조되었다. 특히 4주형의 주거는 모두
원형에서만 나타난다. 이상과 같은 일련의 주거 양상은 금강 유역권
의 현황(이종철 2015a: 78-80)과 거의 차이가 없다.

　　앞에서 만경강 유역권의 공간적 양상을 세부적으로 살펴보기 위
해 남북으로 각각 5개 구역으로 구분한 바 있다. 동쪽의 E구역(고산
권)은 취락 조사 건이 없어 생략한다. 각 구역에서 나타나는 특징을
정리하면 다음과 같다.

　　① 가장 많은 수의 주거와 가장 다양한 주거 형태가 확인된 곳은

전주 황방산 일원인 S3구역이다. ② 취락 조사 보고가 없는 곳은 N1 구역(봉동권)이며, 가장 적은 수량(또는 비율)은 N5구역(군산권)이다. ③ 주거 형태의 다양성은 S3·S2구역에서, 한 주거 형태(○A①)만 집중되는 단일성은 S1구역(용진권)에서 볼 수 있다. ④ 구역별 주거의 비율은 S3(황방산권)>S2(건지산권)>N3(익산권)>S5(김제권) 순이며, S1·S4·N2·N4구역은 거의 비등하게 소규모로 나타났다. ⑤ 원형의 내주공식 주거(A①)는 모든 구역에서 압도적이거나 우월한 양상이지만, 유일하게 N4구역(서수-황등권)에서만 방형의 내주공식 주거가 우위를 점한다. 다만 수량이 적어 변동될 가능성은 있다. ⑥ 4주형의 주거는 S3구역(황방산권)에서 가장 활성화되었으며, 다음으로 S2구역(건지산권)이다. 나머지 구역에서는 거의 없거나 전혀 확인되지 않았다. 만경강 북쪽에서는 N3구역(익산권)에서만 확인되었다. ⑦ 내외주공식(B), 외주공식(C), 타원형구덩이식(D)이 상대적으로 가장 활성화된 곳은 S3구역(황방산권)이다. 이러한 분석은 전주천-황방산-삼천을 배경으로 하는 S3구역이 만경강 유역권의 송국리형 문화 중심지였을 가능성에 무게를 실어준다.

송국리형 취락을 다루는 데 있어 다음과 같은 점은 앞으로 검토해 가야 할 필요가 있다.

첫째, 송국리형주거의 내부구조에 근거한 기원에 대한 판단이다. 만경강 유역권의 송국리형문화는 전기 문화와의 문화적 접촉이 상대적으로 적다. 이러한 배경에서 전기의 옹관이 송국리형 묘제와 혼재하고, 장동Ⅱ 유적의 34호 주거지가 송국리형주거지의 시원 형태일 가능성이 높아 송국리형문화와 역삼동유형 간 접촉을 상정하는 견해도 있다(김승옥 2016: 45). 그러나 장동Ⅱ 34호는 방형의 소위 '동천동식주거'로 타원형구덩이가 생략되고 2개의 중심기둥만 설치되는 주거 형태(발표자의 E형)이다. 대구 동천동에서 대단위로 확인되었기 때문에 대구 지역을 대표하는 송국리형주거의 변화형으로 이해되고 있다. 발표자(2002: 22)는 이미 이러한 주거 형태가 송국리형문화 중심권(금강 유역권)에서 김천-구미로 통하는 문화적 흐름 속에 존재했을 것이라는 점을 제시한 바 있다. 금강 유역권은 송국리형주거의 모든 유형이 발견되고 있어 가장 다양한 주거문화를 이루는 곳일 뿐만 아니라 가장 오랜 전통성을 보유하고 있는 점에서 기원지이자 중심권(이종철 2002)을 의미하기 때문이다. 34호와 같은 주거지를 송국리형주거지의 시원으로 생각하는 것은 안재호(부산대학교박물관 1995: 278)가 검단리 69호를 통해, 이형원(한신대학교박물관 2007: 181)이 반송리식주거지를 통해 전기문화에서 송국리형주거가 발생했을 것이라는 논리와 궤를 같이하는 것이다. 두 주거지는 송국리형문화 주변부에 존재하는 상대적으로 늦은 시기의 주거지로서 문화변동과정에 있는 형태이기 때문에 보는 시점에 따라 다를 수 있는 여지가 있다. 이것은 유행을 타고 있는 서울의 S문화요소가 철이 지난 뒤 멀리 떨어져 있는 시군이나 시골에서 발견되는 것과 같은 이치이다. 시간적으로는 늦은 시공간이지만 문화적으로는 더 오래돼 보이는 전통 때문에 S문화요소가 더 이른 시기의 것처럼 여겨지는 것일 뿐이다. 정작 제시된 반송리식주거지의 탄소연대가 송국리형문화의 이른 시기에 미치지 못함에도 이러한 주장을 하게 되는 이유(이종철 2015a: 179)인 것이다.

둘째, 송국리형주거의 방형과 원형에 대한 시간성 문제이다. 송국리형취락에서 휴암리식과 송국리식에 대한 구분과 서열을 중시

하는 입장과 그렇지 않은 입장으로 나뉜다. 전자는 휴암리식이 중첩관계상 송국리식보다 빨라 전기→중기로의 계기적 변천을 설명하기 위한 근거로 삼기 위한 것이기 때문에 양보할 수 없는 고고학 자료가 된다. 후자는 중첩관계는 인정하지만 그 자체가 일정한 시기나 획기를 의미하는 것은 아니며, 주거의 축조와 폐기가 공존하기 때문에 얼마든지 가능한 고고학적 맥락이라는 입장이다. 실제로 두 주거지가 함께 조사된 동산동 취락에서 중첩관계상 방형계(휴암리식)가 빠른 것으로 확인되었지만, 탄소연대상 시기차가 없는 것으로 판명되었다. 이것은 중첩에 따른 시간차는 존재할지라도 ① 동일한 문화집단으로서 방형과 원형이라는 주거형태를 취사선택할 수 있는 선택권의 여부로 접근할 필요가 있고, ② 방형계 주거의 점유 시기 동안 다른 지역 또는 다른 지점에 존재했을 원형계 주거민들의 여정이 갖는 시간성을 간과해서는 안 된다는 점이다.

5. 송국리형 묘제는 지역별로 다양하게 조성되었으나 지석묘는 아직까지 수수께끼다.

송국리형문화의 중심부와 주변부에서 나타나는 지석묘와 송국리형 묘제의 분포 차이 및 관계성은 많은 연구자들에게 인용되고 있다. 그러나 당시까지만 하더라도 지석묘와 송국리형 묘제의 혼합 양상이 나타나는 사례가 적었고, 송국리형문화에 대한 이해가 상대적으로 입체적이지 못하였기 때문에 지석묘와의 관계가 단절적으로 인식될 수밖에 없었다. 진안 여의곡 유적의 조사 이후 장흥 갈두·신풍 등 대규모 취락 유적에서 지석묘가 주묘제로 작동하고 있는 사실이 밝혀지면서 시기적인 다양성 속에서 호남 지역의 지석묘가 송국리형문화와 밀접한 관련이 있는 것으로 인식되었다(이영문 2013: 65).

하지만 지석묘와 송국리형문화의 관련성은 이미 영암 장천리 유적의 조사를 통해 명확하게 확인되었고(최성락 1986), 두 문화의 시·공간성에 동일한 물질문화가 존재하고 있는 점을 들어 호남 지역의 지석묘와 송국리형문화의 친연성이 거론되어 왔다(이종철 2002: 24). 다만 두 문화의 문화접촉에 의한 복합화 양상인지 아니면 동일 문화권의 한 요소로 작용된 것인지는 좀 더 면밀한 검토가 필요하다.

이러한 관점에서 천선행의 무덤 집계(2019)와 지역적 분포의 해석에 대해 발표자는 다른 각도로 접근해볼 수 있었다. 지석묘를 반영하여 그림으로 다시 나타내면 전혀 다른 해석을 도출해낼 수 있다(그림 10)[2]. 그림 10은 만경강 유역의 지역권별 무덤 현황과 각 무덤의 지역적인 비율을 구분하여 나타낸 것이다. 상대적으로 수량이 적은 것도 있어 비교에는 문제가 될 수도 있겠지만, 향후 자료 축적을 기대한다. 먼저 ① 지석묘는 서쪽(해안)에서 동쪽(내륙)으로 갈수록 증가하는 경향을 보인다. ② 석관묘는 서쪽(해안)에서 동쪽(내륙)으로 갈수록 감소 추세를 보인다. 지석묘와는 정반대 양상이어서 가장 특징적인 변화상으로 볼 수 있다. ③ 석개토광묘는 익산, 전주, 완주에

2　지석묘의 발굴조사가 극히 미진한 상태이기 때문에 문제로 지적될 수 있겠지만, 일단 청동기시대로 간주하여 논의를 진행하기로 한다. 그리고 황방산 일원에 분포하는 지석묘들이 송국리형취락과 밀접한 관련이 있는 점(이종철·정다운 2020)에 근거하여 만경강 유역권에 분포하는 대부분의 지석묘를 송국리형문화의 전개와 변천 과정 속에서 이해하고자 하는 것이 잠정적인 결론이다.

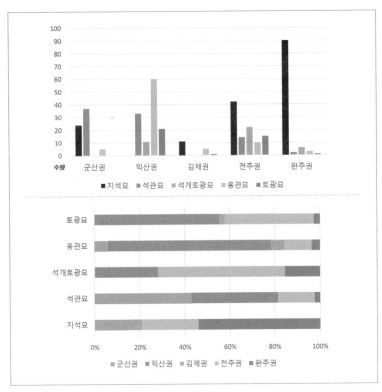

그림 10 만경강 유역권의 청동기시대 무덤 현황

집중되는 경향이나 전주권에 좀 더 밀집하는 양상이다. ④ 옹관묘는 익산권에서 가장 두드러진 무덤으로 대표성을 갖는다. ⑤ 토광묘는 익산권과 전주권에서 압도적으로 나타난다. ⑥ 군산권은 지석묘와 석관묘가 특징이다. ⑦ 익산권은 지석묘가 전혀 보고되어 있지 않은 상황이며, 석관묘와 옹관묘의 높은 비중 속에서 모든 송국리형 묘제가 확인된다. ⑧ 김제권은 가장 적은 지석묘와 가장 빈약한 송국리형 묘제가 특징이다. ⑨ 전주권은 지석묘의 우세 속에서 송국리형 묘제가 상대적으로 고른 분포를 보인다. ⑩ 완주권은 송국리형 묘제가 매우 적은 반면 지석묘의 수량이 압도적이다.

이상과 같은 분석 결과는 금강 유역권이라고 하여 송국리형 묘제의 우세와 지석묘의 열세 또는 배타적 관계성이 강조될 필요는 없다는 것을 말해준다. 즉 지석묘와 송국리형 묘제의 분포 및 혼합 양상의 관계는 국지적인 현상일 수 있다는 점이다. 확연하게 대비되는 익산권과 전주권은 이에 대한 답이 될 수 있다(그림 10). 그렇다면 익산권이 만경강 유역권의 중심지 또는 문화 형성지인가? 라는 질문에는 두 가지 답변을 내놓을 수 있다. 하나는 그렇다 이다. 이 답변이 성립되기 위해서는 동산동과 같은 전통성과 규모를 겸비한 취락뿐만 아니라 송국리와 같은 이른 시기의 취락군과 조합을 이루어야 하고 무덤들의 세트관계가 비등해야 하지만 그렇지 않다. 다른 하나는 그렇지 않다 이다. 옹관묘에 편중된 양상을 보일 뿐만 아니라 전주권(S3·S2구역 일원)에서 보이는 무덤들의 비등한 관계를 통해서 그 가능성을 볼 수 있다(그림 10). 따라서 그 지역의 특성을 세부적으로 파악하는 노력이 필요하다는 생각이 든다. 중심권이라고 하더라도 무덤들이 세트관계를 이루기도 하고, 선택적으로 축조되기도 하며 지석묘와 조합관계를 이루기도 하고 그렇지 않을 수도 있다는 것이다. 다만 지석묘가 송국리형문화의 한 요소로 언제부터 작동하고 있었는지는 계속해서 연구되어야 할 문제이고, 송국리형문화 집단과는 다른 토착집단의 문화요소로서의 지석묘와 어떤 차이가 존재하는가 역시 가려낼 필요가 있다.

한편 동산동 취락의 주요 무덤이 황방산 일원에 밀집하여 분포하는 지석묘라면, 주거영역과 매장영역의 거리는 대략 2~3㎞에 해당한다. 즉 취락 내에 존재하는 매장영역도 있지만, 경우에 따라서는 취락과 일정 거리를 둔 지점에 매장영역을 조성할 수도 있다는 것을 간과할 수 없다. 이는 아마도 주어진 자연자원을 배경으로 취락 구성원의 노동력을 최소화하는 동시에 특정 장소를 조상신의 신성한 구역으로 설정했던 것은 아닌가 추측된다. 이러한 추론이 가능하다면, 만경강 유역권에서 보고된 지석묘들이 대부분 야산쪽에 밀집하는 현상을 설명해주는 단서가 아닐까 한다. 앞으로 완주권에서 눈여겨볼 대목이다.

이와 관련하여 동산동 취락에는 주목할 만한 매장영역이 존재한다. 옹관묘군과 토광묘군이 하나의 매장영역을 이루는 공간인데, 옹관묘의 시기성에 대한 입체적인 검토가 필요하다. 동산동 취락의 매장영역은 유력자로 추정되는 지석묘의 영역과 토광묘+옹관묘가 조합을 이루는 영역으로 구분할 수 있으며, 두 매장영역은 상당한 거리를 두고 독립적으로 조성되었다(그림 4, 그림 5). 그리고 다른 주요 매장지가 존재할 것으로 추정된다(이종철 2021: 41).

옹관묘는 직립구연호를 활용한 것이어서 전기 단계로 파악하기도 하지만(전북문화재연구원 2015), 취락 구성과 유구들의 분포를 고려하여 송국리형취락 단계로 보기도 한다(호남문화재연구원 2015, 이종철·정다운 2020). 이 옹관묘가 전기 단계의 무덤이라면, 동산동 전기 취락 중 돌대문토기단계의 주거민들과 연관될 가능성이 매우 높다. 그렇다면 옹관으로 사용된 직립구연호는 돌대문토기단계의 문화요소인가? 그런데 왜 주거지들에서는 이와 같은 토기가 전혀 보이지 않을까? 그럼 돌대문토기문화와 구분되는 가락동유형으로 설정되는 몇몇 주거가 옹관묘의 주체인가? 그럴 가능성 역시 적다.

이에 대한 논리적인 답변이 준비되지 못하거나 옹관묘(직립구연호)와 전기 취락의 조합관계를 명확하게 제시할 수 없다면, 동산동 취락의 옹관묘(직립구연호)를 전기 단계에 묶어두려는 생각은 타당하지 않다.

발표자는 동산동 옹관묘의 시기성에 대해 이미 제시한 바 있지만(이종철·정다운 2020: 333-334), 문화접변적 시각도 필요하지 않을까 한다. 동산동 취락이 만경강 유역권의 거점취락이라는 점을 고려하면, 옹관묘군을 ① 송국리형취락 단계로 보는 점, ② 토광묘군과 동일한 매장영역으로 조성된 것으로 보는 점은 변함이 없다. 여기에 ③ 송국리형취락의 구성원들 가운데 전기 취락 소속원이 어떤 식으로든 공생했거나 상호교류가 존재했을 가능성을 추가하고 싶다. 이는 두 문화의 복합이 만들어 낸 결과로 이해했던 것(이종철 2015a)에서 좀 더 나아간 해석이다. 만약 그들이 존재했다면, 구분이나 구별(차별)의 관계였다기보다는 취락 구성원으로서의 동등한 자격이었다고 판단된다.

동산동의 돌대문토기문화 주거들에서 공열토기(1-2호), 송국리식토기(26호·71호), 삼각형석도(71호), 일단경석촉(16호), 유구석부(70호), 말각평저 병형(77호)과 완형 적색마연토기 등이, 송국리형주거에서 삼각만입석촉(17호), 직립구연호(3호·52호·63호·마2호·마3호) 등이 출토된다. 송국리형주거에서는 원형과 방형 모두에서 확인되며, 출토 빈도 역시 비슷하다. 특히 직립구연호는 수혈에서 출토빈도가 높은데, 구순각목문발과 삼각형석도(95호)와 공반하거나 돌대문토기문화 주거(56호)→송국리형주거(57호)→수혈(104호)의 중첩관계 속에서 수혈에서는 직립구연호가 내만구연발과 공반한다. 이러한 사실들로 보아 직립구연호 자체는 돌대문토기 집단(취락)보다는 송국리형취락과 더 밀접한 관련성을 가지고 있다. 직립구연호가 공반하는 주변의 송국리형주거는 완주 상운리 라-4호(○A①), 완주 신풍 가-2호(□A①), 완주 옥정 B-4호(○A①), 전주 효자5 B-4호(○D②), 익산 모현동 7호(□A①), 익산 영등동 Ⅰ-14호(○A①), 김제 수록리 5호(□A①) 등을 제시할 수 있다.

결국 동산동 송국리형취락의 형성 과정에는 늦은 시기의 전기 취락 또는 전기 문화 집단과의 상호 문물·인적교류가 존재했을 가능성에 무게가 실린다. 동산동 자체 내에서 또는 S3구역 일원에서 일어날 수 있는 교류의 결과로 판단된다. 다만 동산동의 모든 옹관묘가 전기 문화를 반영하고 있는 것은 아니며 일부에 해당할 수 있다는 점을 지적해둔다.

6. 취락의례의 형성과 전승 관계가 밝혀지다.

청동기시대 전기에 해당하는 구암리 제의유구는 구릉의 정상부에 개구부가 있는 방형의 환구와 중앙부에 조성된 할석과 소토층이 반복적으로 퇴적되어 있는 삼각형 모양의 수혈로 구성된다. 제의 유구는 가락동유형의 주거들과 조합을 이루는 것으로 이해되고 있다. 그러나 환구를 파괴하고 축조된 6호 주거지가 과연 다른 주거지들과 시기를 달리할 만큼 서로 다른 집단의 주민이었는가 또 6호 주거가 조성될 때 모든 환구가 폐기된 상태였을까에 대한 의문이 든다. 특히 6호 주거지에서만 유일하게 석검(2점 이상)이 출토되었고, 개구부에 근접하여 조성된 점은 제의유구와의 관련성을 시사해주는 것

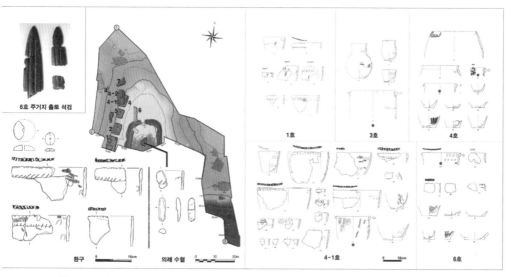

그림 11 완주 구암리 의례유구와 출토유물 비교

이 아닌가 추측된다. 또 6호 주거지에서 출토된 2개의 돌기형 꼭지가 붙은 발형토기(172)가 3호(54), 4호(81·82), 4-1호(127)에서 출토되는 점도 토기 제작과 전통성 측면에서 간과할 수 없는 단서이다. 아울러 4-1호 주거지는 공열문+구순각목문토기와 공반한다(그림 11). 따라서 1단계와 2단계를 단절적으로 간주하는 것은 재고될 필요가 있다. 환구의 폐기가 곧 1단계와 2단계를 구분하는 근거는 될 수 있지만 의례의 담당 집단을 1~4호 주거민으로 한정하는 것(김규정 2014: 30)은 온전한 해석으로 보이지 않는다.

동일 지점에서 반복되는 주거지의 중첩은 시기적인 지속성일 가능성도 있다. 이러한 점에서 주거지들과의 중첩을 이루는 환구와 중앙부 수혈의 조합은 처음에는 환구를 돌려 독립적이면서 경계의 상징성을 높였으나, 시간이 흐르면서 경계의 상징성은 불필요했거나 일부가 매몰되고 폐기되어도 아무런 영향을 받지 않는 요소로 작용했을 가능성이 있다.

　구암리 취락의 제의 핵심은 마을이 형성된 산정부(山頂部)에 구덩이를 파고 할석과 소토층이 반복되는 (의례)행위에 있다. 수혈 내 할석과 소토층의 존재는 의례의 성격을 결정짓는 중요한 요소다. 할석을 깔고 불을 피웠거나 불을 피운 상태에서 할석을 활용했을 수도 있다. 그럼 불을 피웠을 때 환구 내부의 사정은 어떠했을까? 이는 두 가지로 나누어 생각해볼 수 있다. 하나는 환구가 내부로 진입할 수 있는 자와 그렇지 못한 자를 구분짓는 경계로 기능했을 가능성이다. 내부 진입이 가능한 자는 의례를 주재하는 유력자 또는 유력자와 그를 보좌하는 일정 수의 사람들일 수 있으며, 나머지(취락 구성원)는 환구 밖에서 조응했을 가능성이 있다. 다른 하나는 취락 구성원들이 함께 모여 제의를 수행했을 가능성이다. 제의 수혈과 환구 사이는 각각 5m 내외 공간이 존재하기 때문에 불을 피웠다고 하더라도 일정 수의 사람들이 모여 있을 수 있는 공간이다. 따라서 캠프파이어(campfire)와 같은 형태로 취락의 다수가 공간을 활용했을 수 있다. 또는 일정 부분은 환구 밖에서 조응했을 수도 있겠다. 이러한 공동체적 행위는 구암리 취락의 전기간에 걸쳐 실시되었을 것으로 추정된다.

　한편 청동기시대 중기인 송국리형취락에서도 수혈을 중심으로 이루어지는 공동체적 제의가 확인된다. 전주 동산동 취락이 대표적이다. 동산동 취락에는 직경 50m 정도의 중앙 광장이 존재하며, 북쪽과 남쪽에 각각 단위취락이 조성되어 있다. 광장의 중앙부에는 의례유구로 보고된 5개의 연속된 수혈들이 존재하는데, 구암리와 마찬가지로 다량의 석재와 목탄이 무문토기 편, 적색마연토기, 석검

편, 석촉, 석부, 석착, 석도 편, 갈판, 갈돌, 지석 등과 함께 출토되었다. 보고자는 5회 이상의 의례행위 일환인 인위적인 폐기행위가 이루어졌을 것으로 보았다.

동산동 취락의 제의는 광장에서 집체적 성격의 유희체제로 존재했을 가능성이 높다. 특히 남취락과 북취락으로 구분되어 있는 점을 고려하면, 경쟁을 장려하여 우열을 가리게 하거나 결속을 강화하는 통합적 성격의 의례가 존재했을 가능성이 있다. 제의용 수혈에서 나타나는 목탄과 석재들은 불과 연관되는 것들로 구암리의 제의와 유사할 수 있다. 다만 의식 후 폐기와 매몰이 시기를 달리하여 연속적으로 이루어졌다는 점은 한 곳을 집중적으로 이용했던 구암리와는 차이가 있다. 결국 동산동 취락의 의례는 ① 공동체적 의식의 일환인 점, ② 중앙 광장을 중심으로 장기간 연속적으로 실시된 점, ③ 제의에 활용된 또는 제의를 위해 생활용구들을 폐기함으로써 봉헌의 의미를 담고 있는 점에서 송국리형문화의 제의를 대표하는 사례들 중 하나로 볼 수 있다.

청동기시대 후기의 전주 대정Ⅳ 유적에서는 입대목 제의가 존재했을 것이라는 견해(이종철 2020)가 최근에 제시되었다. 대정Ⅳ 유적은 9기의 장방형계 주거가 환상배치를 이루어 자연스럽게 광장을 형성하는 취락으로, 광장의 한 쪽에 입목수혈이 조사됨으로써 입대목 제의가 존재했을 가능성이 제기된 것이다. 입목수혈은 공간적 연계성·면적성과 수혈의 독립성·특수성에 부합하는 것으로 검토되었다. 2개의 장축노가 설치된 주거지들에서는 송국리식토기, 원형점토대토기, 조합식우각형파수부토기 등이 출토됨에 따라 송국리형문화와 점토대토기문화의 복합 양상을 보이는 단계임이 밝혀졌다(그림

그림 12 전주 대정Ⅳ 취락의 입대목 제의 상상도(그림 필자)

12). 이를 통해 진안 여의곡, 김해 율하리, 고흥 한천리 등에서 제기된 송국리형문화 단계의 입대목 제의가 청동기시대 후기까지 전승되었음을 상정할 수 있다. 특히 송국리형문화와 점토대토기문화의 복합화가 이루어진 취락에서 처음으로 조사된 입대목 제의 유적이라는 고고학적 의의를 갖는다.

7. 후기 취락의 형성과 발전 양상은 아직까지 불분명하다.

　청동기시대 후기 단계는 앞에서 언급한 것처럼 송국리형주거, 송국리형주거와 송국리식토기+원형점토대토기 복합, 원형점토대토기 출토 방형 주거, 방형 주거에 원형점토대토기+송국리식토기 복합 등이 확인되는 시기이다. 만경강 유역권에서는 소수의 유적에서 이와 같은 양상들이 나타나고 있어, 후기 취락의 문화적 다양성을 살펴볼 수 있다.

주거 밀도가 낮다는 것은 대규모 취락이 존재하지 않거나 조사되지 않았을 가능성인데, 소규모의 작은 취락이 상대적으로 많다는 것은 소규모 집단으로 분화된 소단위 취락들이 존재했을 가능성에 좀 더 가깝다. 또는 대규모 이주 집단의 거점은 다른 곳에 존재할 가능성이 있거나 거점을 형성하지 못했을 가능성도 배제할 수 없다. 특히 지금의 상식에서 벗어난 새로운 입지에 존재할 가능성도 염두해 둘 필요가 있다. 이러한 배경은 후기 취락의 형성과 발전을 설정하고 구명하는 데 한계로 작용하고 있다. 지역 환경에 대한 적응이 집체적 성격이 아니라 분화적 성격일 가능성에 무게를 실어주는 근거가 될 수 있다. 10기 정도의 대정Ⅳ 취락에서 거점취락과 같은 대규모 마을에서나 발견되는 입대목 제의가 존재하는 것을 보더라도 분화의 정도를 실감할 수 있다.

그러나 전북혁신도시권역에서 조사된 수 많은 토광묘 집단의 취락을 아직까지 특정할 수 없는 현실은 집체적 성격의 취락이 존재할 수 있다는 긍정적인 가능성을 시사해준다. 기원전 5~3세기 동안 북방 지역으로부터 유입된 점토대토기문화의 존재는 분명하지만, 그 규모와 발전상에 대해서는 앞으로 검토해가야 할 과제이다. 특히 송국리형문화 집단은 모두 절멸했는지? 아니면 기층세력으로 잔존하여 한(韓)의 시기까지 토착집단으로서의 전통성을 유지했는지에 대한 점검도 필요하다.

Ⅳ. 맺음말

본 발표는 만경강 유역권의 청동기시대 연구 성과를 살펴보고, 이에 대한 발표자의 문제 제기와 시기별로 나타나는 특징적인 양상을 정리해본 것이다. 다만 정치, 사회, 경제, 기술 등 중추적인 항목별 검토는 세부적으로 이루어지지 못하였다. 이는 고고학자료의 한계에서 이유를 찾을 수도 있겠지만, 근본적으로 발표자의 능력 밖의 일이라는 점에서 아쉬움으로 남는다.

만경강 유역권의 청동기시대 문화는 다음과 같이 압축정리할 수 있으며, 앞으로 체계적인 연구와 조사를 통해 그 해상도가 높아지기를 기대한다.

1. 청동기시대 전기-중기-후기 체계를 온전히 이룬다는 점이다. 조기 단계는 현재 확인되지 않았지만, 순창 원촌과 전주 동산동의 사례를 통해 하천과 충적대지를 배경으로 하는 곳에서 조사될 가능성은 여전히 열려 있다.

2. 청동기시대 전기에는 늦은 시기의 미사리유형, 가락동유형, 흔암리유형 단계(시기) 유적이 존재하는 반면, 온전한 역삼동유형은 아직까지 확인되지 않았다. 앞으로 조사될 가능성은 여전히 존재한다. 이 유형들은 대부분 문화변동과정을 거쳤거나 과정 중에 있는 혼합·복합 양상을 보이고 있기 때문에 편년 체계의 수립도 중요하지만, 세부적인 문화변동과정에 대한 해상도를 높이고 그에 따른 타당한 해석이 강구되어야 할 것이다. 취락의 규모와 분포는 대부분 소규모로 점상분포를 이룬다는 점에서 수준 이상의 취락체계로 발전했다고는 볼 수 없다.

3. 전기~중기 단계 어느 시점에는 요령식동검문화가 존재했거나 그러한 문화교류를 가능하게 했던 유력집단이 형성되어 있었다. 현재까지의 자료로 볼 때 익산권에 집중되어 있다.

4. 중기 단계에는 전주천-황방산-삼천을 배경으로 하는 S3구역이 중추적인 문화중심지로 성장하였고, 청동기시대 기간 동안 가장 번성한 시공간적 특성을 가진다. 거점취락의 존재와 지역연계망 구축, 지석묘와 송국리형 묘제의 다양한 조합 관계, 전기 문화 집단 및 문물을 취락 구성요소로 흡수, 체계적인 취락설계와 사회적 위계체계 형성 등을 추출할 수 있다. 이러한 특색들은 만경강 유역권에서 청동기시대 문화를 별도로 이해할 수 있는 장(場)으로서의 의미를 가진다.

5. 송국리형 묘제와 지석묘의 상호관계는 중심과 주변의 관계일 수도 있겠지만, 세트와 개별적(또는 선택적) 관계의 국지적인 양상일 수도 있다. 부여 송국리 일원과 그 주변의 관계가 익산권과 전주권의 관계와 같을 수 있으며, 영산강 유역권 등 다른 지역에서도 이와 같은 고고학적 양상이 나타날 수 있기 때문이다. 다만 문화적 파급에 따른 중심과 주변의 광의적 관점에서는 순수요소들의 감소와 선택적 존재에 기반한다는 점은 간과할 수 없다.

6. 후기 단계는 소수의 유적을 통해 취락의 존재는 확인되었으나 대규모이거나 체계적인 형태의 취락은 아직까지 조사되지 않았다. 숫적으로 적기 때문에 취락 자체가 적었거나 아직 조사되지 않은 유적 또는 완전히 새로운 입지에 조성된 취락이 존재할 것으로 추정된다.

7. 논이나 밭과 같은 농경의 적극적인 흔적은 확인되지 않았지만, 시기별로 나타나는 석도·갈판과 갈돌 등을 통해 농경이 행해졌

을 가능성은 높다. 다량의 어망추, 석촉 등을 통해 어로·수렵·채집의 혼합경제체제를 유지했을 것으로 추정할 수 있다.

8. 취락들 가운데 중상위 규모/체제의 취락들에서는 집체적 공동체의식의 제의행위가 존재했다. 전기에는 환구와 수혈을, 중기에는 중앙 광장에 수혈을 설치해서 불과 할석을 활용하여 제의가 이루어졌다. 중기 단계의 동부 산악지대에서는 입대목 제의가 존재했는데, 이러한 문화 전통을 이어받은 후기단계 (중)소규모의 취락에서 계속 전승되고 있었다고 추정된다.

참고문헌

『東國李相國集』 卷23 「南行月日記」

『한국민족문화대백과사전』

김규정, 2014, 「호남지역 청동기시대 취락의례」, 『호남지역 선사와 고대의 제사』, 제22회 호남고고학회 학술대회.

김규정, 2016, 「전북혁신도시 일대 청동기시대 취락」, 『고고학으로 밝혀낸 전북 혁신도시』, 제24회 호남고고학회 학술대회.

金承玉, 2001, 「錦江流域 松菊里型 墓制의 硏究」, 『韓國考古學報』 45, 韓國考古學會.

김승옥, 2016, 「전북혁신도시 부지 내 선사문화의 성격과 특징」, 『고고학으로 밝혀 낸 전북 혁신도시』, 제24회 호남고고학회 학술대회.

朴淳發, 1993, 「우리나라 初期鐵器文化의 展開過程에 대한 약간의 考察」, 『考古美術史論』 3, 忠北大學校 考古美術史學科.

朴辰一, 2007, 「粘土帶土器, 그리고 靑銅器時代와 初期鐵器時代」, 『韓國靑銅器學報』創刊號, 韓國靑銅器學會.

李健茂, 1994, 「韓國式 銅劍文化의 性格-成立背景에 대하여-」, 『東아시아의 靑銅器文化-遺物을 通하여 본 社會相-』, 文化財管理局 文化財研究所.

이영문, 2013, 「호남지역 청동기시대 조사 성과와 연구 과제」, 『호남고고학회 20년, 그 회고와 전망』, 제21회 호남고고학회 학술대회.

李宗哲, 2000, 『南韓地域 松菊里型 住居址에 대한 一考察』, 全北大學校 大學院 碩士論文.

이종철, 2002, 「湖南地域 松菊里型 住居文化」, 『韓國上古史學報』第36號, 韓國上古史學會.

이종철, 2014, 「취락의 지역상-호남·제주 지역」, 『취락 : 청동기시대의 고고학3』, 서경문화사.

李宗哲, 2015a, 『松菊里型文化의 聚落體制와 發展』, 全北大學校 大學院 博士學位論文.

이종철, 2015b, 「섬진강 본류역 청동기시대 취락의 분포와 특징」, 『先史와 古代』46, 韓國古代學會.

이종철, 2019, 「청동기시대 송국리형문화의 취락사회와 사회발전단계」, 『청동기-초기철기시대 정치·사회 변동』, 국립청주박물관·한국청동기학회 공동 학술 심포지엄.

이종철, 2020, 「만경강유역 송국리문화와 점토대토기문화의 공존과 변화에 대한 토론」, 『철기문화 시기의 분묘와 매장』, 한국학중앙연구원.

이종철, 2021, 「송국리형문화의 취락사회와 사회발전 양상」, 『韓國靑銅

器學報』第二十八號, 韓國靑銅器學會.

이종철·정다운, 2020, 「전주 황방산 일원 청동기시대 유적의 분포 현황
　　과 특징」, 『전주 황방산 및 완주 갈동 유적 일원 유적 분포 현황
　　조사 보고서』, 국립완주문화재연구소.

이창희, 2010, 「점토대토기의 실연대-세형동검문화의 성립과 철기의 출
　　현 연대-」, 『文化財』 제43권·제3호, 국립문화재연구소.

李淸圭, 2000, 「遼寧 本溪縣 上堡村 출토 銅劍과 土器에 대하여」, 『考
　　古歷史學志』 16, 東亞大學校博物館.

李亨源, 2005, 「松菊里類型과 水石里類型의 接觸樣相 -中西部地域
　　住居遺蹟을 中心으로-」, 『湖西考古學』 12, 湖西考古學會.

李亨源, 2011, 「中部地域 粘土帶土器文化의 時間性과 空間性」, 『湖西
　　考古學』 24, 湖西考古學會.

李亨源, 2016, 「忠淸西海岸地域의 粘土帶土器文化 流入과 文化接變」,
　　『湖西考古學』 34, 湖西考古學會.

이홍종, 2006, 「무문토기와 야요이 토기의 실연대」, 『한국고고학보』 60,
　　한국고고학회.

中村大介, 2008, 「靑銅器時代와 初期鐵器時代의 編年과 年代」, 『한국
　　고고학보』 68, 한국고고학회.

진영민, 2016, 「粘土帶土器文化의 韓半島 開始年代 再考」, 『韓國靑銅
　　器學報』 第十八號, 韓國靑銅器學會.

천선행, 2019, 「만경강유역 청동기시대 전기-중기 취락 조사성과」, 『만
　　경강유역의 고고학적 성과』, 국립전주박물관·한국청동기학회.

崔盛洛, 1986, 『靈巖 長川里 住居址 Ⅰ·Ⅱ』, 木浦大學校博物館.

최완규, 2016, 「전북 혁신도시의 역사와 문화」, 『고고학으로 밝혀 낸 전

북 혁신도시』, 제24회 호남고고학회 학술대회.

한국청동기학회, 2019, 『만경강유역의 고고학적 성과』, 국립전주박물관
　　　완주 지역특별전 기념 공동 학술대회.

호남고고학회, 2016, 『고고학으로 밝혀 낸 전북 혁신도시』, 제24회 호남
　　　고고학회 학술대회.

홍밝음, 2010, 「호남지역 청동기시대 전기 주거지의 변천과정」, 『湖南考
　　　古學報』 36, 湖南考古學會.

군산대학교박물관, 2013, 『완주 구암리 유적』.

釜山大學校博物館, 1995, 『蔚山 檢丹里 마을 遺蹟』.

전북문화재연구원, 2015, 『全州 東山洞 靑銅器時代 聚落』 3권.

한신대학교박물관, 2007, 『華城 盤松里 靑銅器時代 聚落』.

호남문화재연구원, 2015, 『全州 東山洞遺蹟 Ⅱ – 나·다·라·마·저습
　　　지–』.

※ 단순 언급의 보고서는 생략함.

* 본 글은 2021년 6월 17일에 국립나주문화재연구소·국립완주문화재연구소·
　한국청동기학회가 공동으로 개최한 국제학술대회 『호남지역 청동기시대 재
　조명』에 수록된 필자의 논문을 일부 수정·가필한 것임을 밝혀둔다.

청동기시대의 상징,
송국리문화

I 송국리문화와 그 유래

송국리문화[1]는 한반도 청동기시대를 대표하는 상징적인 문화로
서 조기~후기 단계 중 중기의 시간축을 형성한다. 송국리문화의 개
시는 기원전 10세기, 9세기, 8세기, 6세기 등 다양하게 제시되어 왔
지만, 부여 송국리 및 보령 관창리 유적의 발굴조사 성과와 많은 유
적에서 검출된 방사성탄소연대의 축적을 통해 적어도 기원전 9세기
에는 금강 하류역에 안정적인 터전을 잡고 취락을 형성해 갔을 것으
로 추정된다(이종철 2016).

송국리문화의 명칭은 본디 충청남도 부여군 초촌면 송국리에 소
재하는 취락유적에서 비롯되었다. 유적의 존재는 1974년 4월에 요
령식동검·마제석검·석촉·옥 등이 부장된 석관묘의 수습조사와 언

---

1 송국리문화는 1차 조사 보고 때부터 학계와 일반에 알려진 용어이나 본디 광의적
개념의 송국리형문화(松菊里型文化)가 적절하다고 본다. 부여 송국리 유적은 하나
의 독립 취락을 형성하고 있어 유적 자체가 순수한 송국리문화를 이루는 협의의
개념이기 때문이다. 이러한 특정의 순수 문화 또는 유형이 전국으로 파급되어 각
지역에 영향을 줌으로써 송국리와 다른 비율과 양상을 가진 유사한 광의의 문화
권을 형성함에 따라 송국리 유적의 송국리문화와 직접적인 비교에서 혼선이 발생
하는 문제를 간과할 수 없는 것이다(이종철 2016). 다만, 이러한 배경에도 불구하
고 학계에서 '송국리문화' 용어가 일반화되고 있는 점을 고려하여 여기에서는 본
뜻만 제기하고 그대로 사용함을 밝혀둔다.

론보도를 통해 널리 알려지게 되었다. 동년 12월에 무덤 출토유물이 간략하게 소개(한국고고학회 1974)되었고, 1년 후 조사성과가 정식으로 보고(김영배·안승주 1975)되면서 송국리 출토 요령식동검과 마제석검의 고고학적 의의와 중요성이 새롭게 조명될 수 있었다. 1975년 9월부터 시작된 송국리 1차 발굴조사에서 송국리문화의 표지인 송국리형주거지가 확인되었고, 함께 조사된 방형계 주거지에서 동일계통의 외반구연호가 출토됨에 따라 옹관묘와 상통하는 무문토기 형식으로 인식되어 송국리식토기 설정을 위한 기초를 마련할 수 있었다. 그리고 송국리 주민들은 석관묘와 옹관묘를 사용하는 집단으로서 동시대의 다른 유적에서 찾아 볼 수 없는 특정의 주거지, 무덤, 무문토기, 석기 등 송국리적 요소를 갖는 송국리문화(松菊里文化)를 영위했던 것으로 파악되었다(국립중앙박물관 1979).

송국리문화에 대한 개략적인 인식과 연구는 부여 송국리 유적의 조사성과에서 비롯되었지만, 원초적인 출발은 충청남도 서산군 해미읍 휴암리에서 였다. 1968년 5월~6월에 실시된 1차 조사에서 방형계 송국리형주거지가, 연이어 실시된 2차(1968년)~3차(1969년) 조사에서 방형계와 원형계 송국리형주거지가 확인(국립중앙박물관 1990)되었기 때문이다. 비록 출토유물은 송국리 유적과 상이한 공열문토기와 구순각목문토기 전통을 이루고는 있지만, 송국리형주거지를 비롯한 소량의 외반구연 무문토기편·플라스크형 무문토기편·삼각형석도는 송국리문화의 필수 요소로서 충청 서해안 지역에서 발생한 문화변동과정의 결과로 초래된 물질문화의 복합 양상을 보여주는 사례였다. 그리고 방형이든 원형이든 모두 송국리문화의 주거방식이지만, 방형을 휴암리식으로, 원형을 송국리식으로 세분하는 계기를 마련해주었다는 데 의의를 가진다.

휴암리(1968년), 송국리(1975년), 광주 송암동(1977년) 유적을 비롯한 각지의 조사 성과 덕분으로 송국리유형 또는 송국리문화는 '송국리형주거지, 송국리형가마, 송국리식토기, 송국리형옹관, 플라스크형 적색마연토기, 삼각형석도, 소형마제석검, 유구석부, 소형 숫돌 등의 물질문화를 표지로 하는 문화유형'으로 정의(이건무 1992, 2006)될 수 있었다. 여기에 요령식동검과 석개토광묘를 비롯하여 전기 단계부터 이어져 온 석관묘와 지석묘를 추가하기도 한다(안재호 1992). 그리고 세부적인 차이는 있지만 석관묘, 석개토광묘, 옹관묘를 송국

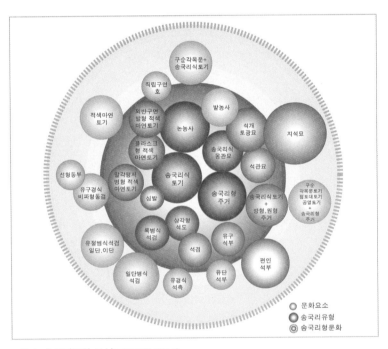

그림 1 송국리문화 모식도(이종철 2015)

리문화의 기본 묘제로 보는 인식(김승옥 2001)도 보편화되었다. 이후 이러한 특정의 문화요소들이 나열되어 하나의 문화로 표현되는 방식에서 벗어나 좀 더 구조적이고 입체적인 체계로 설명하려는 노력 속에서 '심층(중심)─표층(주변)'의 공간적 개념과 '순수문화요소와 변형·유입문화요소'의 시간적 개념을 통해 송국리문화를 보려는 견해도 제시되었다(이종철 2016)(그림 1).

송국리문화에 대한 여러 연구들은 세부적인 과제와 비판의 소지를 여전히 가지고는 있지만, 시간성·공간성·문화변동의 관점에서 송국리문화를 종합적으로 살피고, 전국적인 문화적 보편성 이면에 지역적인 다양성이 강하게 작용하였다는 점은 고려할 필요가 있다.

Ⅱ. 송국리문화의 기원과 형성

송국리문화는 어디서 왔으며, 어떻게 형성되었을까? 이 문제는 송국리형주거지와 송국리식토기를 표지로 하는 송국리문화 연구에서 가장 중요한 문제이면서도 지금까지 해결되지 않고 있는 첨예한 논쟁거리이다. 이에 대해서는 전기 문화 계승설(안재호 1992, 김장석 2003 등)과 외래기원설(김정기 1996, 이홍종 2002 등)로 정리된다. 전기 문화 계승설은 청동기시대 전기 단계의 역삼동유형 계통에서 계기적인 변천을 통해 방형계 송국리형주거 문화→원형계 송국리형주거 문화로 변모해갔다는 논리이나, 생활양식과 물질문화에서의 큰 차이를 설명하지 못한다는 한계를 가지고 있다. 외래기원설은 전기의 문화와 중기의 송국리문화가 큰 문화적 차이를 보이므로 계기적 변천은 인정되지 않으며, 한반도 밖 어딘가에서 기원하였다는 논리로서 기원지에 대한 제시가 없어 비판을 받고 있다. 두 견해 외에 자체발생설이 제시될 수 있는데, 두 논쟁의 한계를 절충하는 의도에서 출발한다고 하더라도, 불분명한 기원지를 한반도에 두었을 뿐 문화형성과 관련한 설득력있는 문화변동 요인에 대해 설명하기 쉽지 않은 한계를 극복해야 하는 문제가 있다.

고고학은 특정의 유형이나 문화를 규정할 때 물질문화를 절대적 근거로 삼는다. 무수히 많은 유·무형의 요소들 가운데 과거를 보여주고 확인할 수 있는 근거는 물질문화뿐이기 때문이다. 그러나 우리는 민족지자료를 통해 물질문화가 환경, 적응방식, 생업 등에 따라 서로 유사할 수도 있고, 그렇지 않을 수도 있다는 점을 간과해서는 안 된다.

전기 문화와 송국리문화에서 가장 큰 차이는 불[火]의 활용과 주거방식에 있다. 전기 문화는 문화 지속의 전 시기 동안 주거 내에서 불의 활용이 매우 적극적이어서 노(爐)를 항상 유지해 왔다. 주거내 난방과 식문화(食文化)의 적극적인 관계성을 볼 수 있다. 그러나 송국리문화는 주거 내 불의 활용이 습기를 제거하는 바닥 불다짐외에는 거의 찾아 볼 수 없다. 기본적으로 노를 활용한 주거 내 난방과 그에 직결되는 식문화를 보유하지 않았던 집단으로 볼 수 있다. 이러한 특징은 주거문화의 변화 또는 기후 변화 등으로는 설명할 수 없는 근본적인 차이로서 북방적/남방적 생활양식의 발로(發露)가 아닌지 깊이 있는 검토가 필요한 대목이다. 전기의 (세)장방형계 주거문화가 중기로 갈수록 소형화되는 양상은 자체적이고 계기적인 현상으로 보기에 충분하지만, 노를 계속 유지하고 있다는 점은 주목해야 할 사항이다. 이것이 바로 전통적 생활방식의 고수이기 때문이다.

한편 송국리문화의 기원이 어떻든 한반도에서의 문화 형성은 대부분 금강 중·하류역과 인근 서해안 일대를 지목하고 있다. 전기 문화 계승설과 외래기원설을 지지하는 연구자마다 근거는 달리하고 있지만, 형성지에 대해서만은 대체적인 의견 일치를 보고 있는 셈이다. 이를 정리하면 표1과 같다.

금강 하류역을 비롯한 인근 서해안지역에서 송국리문화가 형성되어 기원전 8~5세기 동안 전국적인 분포를 이루게 된 것은 능동적

표1 송국리문화의 형성지에 대한 여러 견해

연구자	근거	형성지	출전
이청규	송국리 유적의 대표성 및 토기 형식	충남의 금강유역	한국상고사학보1(1988.)
김정기	남방 지역 집단의 표류 또는 이주, 문화적 차이	서산 일원	한국고고학보34(1996.5)
이종철	송국리형취락의 밀도 및 방사성탄소연대	금강유역권 서부	한국상고사학보36(2002.5)
이홍종	송국리식토기와 휴암리식토기·재지계 토기 공반	충남 중서부 해안	호서고고학6·7(2002.6)
우정연	송국리복합체는 토착 지석묘복합체와 무관	서해안·금강 중류	한국고고학보47(2002.8)
김장석	백석동 일원 취락 해체→ 송국리유형 완성	금강 중하류역	한국고고학보51(2003.12)
이진민	송국리유형의 방사성탄소연대	중서부 해안지역	한국고고학보54(2004.12)
안재호	송국리유형의 맹아적 요소 발생 : 외래(山東)문화+전기 문화	중서부 해안지역	서울대박물관·중부고고학회 공동학술대회(2018.6)

이고 친화적인 문화 파급력과 적응력에 기인한다. 특히 밭농사를 비롯하여 논농사와 같은 선진적인 생업체계, 새로운 형태의 물질문화와 사회적 위계, 요령식동검과 관련 동기류 등 청동기의 유통과 소비 체계, 취락의례와 결집력 등은 그 원천이라 판단된다. 금강 유역 외에 존재했던 (범)역삼동유형과 지석묘 문화와의 밀접한 관계는 이러한 문화적 성격을 잘 보여준다.

Ⅲ 송국리문화의 성장과 발전

송국리문화는 한반도 청동기시대의 중추적인 존재였다. 비록 동시대에 북한강 유역권에 천전리유형과 울산·포항·경주 일원에 검단리유형이 병존하였지만, 문화적 영향 정도는 송국리문화에 미치지 못하였다. 무엇보다도 남한 지역을 배경으로 보령 관창리, 부여 송국리, 진안 여의곡, 전주 동산동, 장흥 갈두·신풍, 사천 이금동, 진주 대평리 등 지역을 달리하는 거점취락을 형성하여 발전해간 것은 특기할 만하다. 이러한 취락의 성장과 발전에는 이전 시기와 다른 고도의 사회적 위계와 취락설계 원리가 원동력으로 작용했다고 판단된다.

송국리문화의 성장과 발달은 송국리형주거문화의 전국적인 파급과 거점취락의 형성, 송국리식토기·유구석부·삼각형석도 등 표지적인 물질문화의 시·공간적 영향을 들 수 있지만, 더욱 주목되는 점은 수전(水田) 농경의 존재이다(그림 2). 논농사는 밭농사·수렵·어로와 함께 송국리문화의 생계경제와 삶을 좀 더 풍요롭고 안정화시

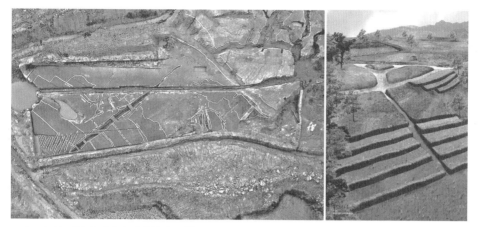

그림 2 논산 마전 유적의 수전과 추정 복원도(고려대학교 매장문화재연구소 2004)

커 주었을 것으로 추정된다. 비록 일본 야요이시대 쌀 생산량이 대체로 연중 70~180일 정도의 소비량에 지나지 않아(조현종 2000) 다른 식료 획득에 의존했을 가능성은 충분해 보이지만, 기존에 찾아볼 수 없었던 관개시설의 활용과 논의 조성은 발달된 도작문화 수준을 보여주는 것으로서 다른 문화집단과 비교되는 송국리문화만의 성장·발달의 동인으로 이해된다. 또한 진안 여의곡과 진주 대평리 일원에서 조사된 대규모 밭 역시 집약농경체계를 보여주는 적극적인 증거로서, 당시 사회발전상을 추론하는 데 중요한 자료로 평가되고 있다.

한편 송국리문화는 요령식동검문화와 밀접한 관련을 맺고 있다 (그림 3). 비록 청동기의 직접 제작을 추론하기에는 무리이지만, 당시 북방 지역에 존재했던 요령식동검문화와의 교류 설정은 어느 정도 가능하다. 송국리에서 출토된 유구경식(有溝莖式) 동검이 전남 지역 지석묘 유적에서 출토되는 대부분의 요령식동검과 궤를 같이 하고 있는 점은 동 지역의 지석묘 유적과 송국리형취락이 서로 밀접

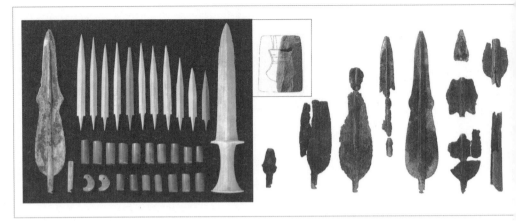

그림 3 송국리문화와 지석묘 문화의 요령식동검(左 부여 송국리, 右 여수 적량동)

한 상관관계를 가지고 있는 것과도 무관하지 않기 때문이다. 우리나라에서 가장 높은 밀집도를 보이는 전남 지역의 지석묘가 전기와 중기에 분포하고 있지만, 기원전 900년 이상이 22%이고 기원전 800년~400년 사이가 66%를 보이고 있어(이영문 2013) 송국리문화와의 밀접한 관련성을 짐작해 볼 수 있다. 이러한 관점에서 한반도의 요령식동검 분포가 내륙 지역에 거의 없고 여수반도와 고흥반도와 같은 해안 지역에 집중되어 있는 것이 원거리 해상 교류의 결과일 가능성(이동희 2002)이 있는 것이다.

지역마다 거점취락을 형성한 송국리문화는 취락설계의 공간적 체계화, 대규모의 제전(祭殿) 축조(송국리, 이금동), 제의적 성격의 선상열주(線狀列柱) 조성(송국리) 등 조직적인 취락의례와 부의 재분배, 사회적 위계와 매장영역의 기획화, 대내외 생산·소비·유통 체계와 장인집단의 기여 등 발전된 취락사회를 영위하다가 기원전 5세기를 전후하면서 쇠퇴한다(이종철 2019). 그러나 문화적 쇠퇴일로 속에서도 바다를 건너 제주도에 영향을 주어 삼양동 일원에 해상거점

취락을 형성함으로써 제2의 전성기를 이루고, 일본에까지 이주·전
파되어 야요이문화 형성에 지대한 역할을 하게 된다.

참고문헌

國立中央博物館, 1979, 『松菊里 I 』, 國立博物館 古蹟調査報告 第
　　　十一冊.
국립중앙박물관, 1990, 『휴암리』, 국립박물관 고적조사보고 제22책.
김승옥, 2001, 「금강유역 송국리형 묘제의 연구-석관묘·석개토광묘·
　　　옹관묘를 중심으로-」, 『한국고고학보』 45, 한국고고학회.
金壯錫, 2003, 「충청지역 송국리유형 형성과정」, 『韓國考古學報』 51, 韓
　　　國考古學會.
金正基, 1996, 「靑銅器 및 初期鐵器時代 竪穴住居」, 『韓國考古學報』
　　　34, 韓國考古學會.
安在晧, 1992, 「松菊里類型의 檢討」, 『嶺南考古學』 11, 嶺南考古學會.
禹姃延, 2002, 「중서부지역 송국리복합체 연구-주거지를 중심으로-」,
　　　『韓國考古學報』 47, 韓國考古學會.
李健茂, 1992, 「松菊里型 住居分類試論」, 『擇窩許善道先生停年記念
　　　韓國史論叢』, 一潮閣.
이건무, 2006, 「송국리유형에 대하여」, 『금강, 송국리형문화의 형성과 발
　　　전』, 호서·호남고고학회합동 학술대회.
李東熙, 2002, 「全南地方 支石墓 社會와 發展段階-전남 동부지역을
　　　중심으로-」, 『湖南考古學報』 15, 湖南考古學會.

이영문, 2013, 「호남지역 청동기시대 조사 성과와 연구 과제」, 『호남고고학회 20년, 그 회고와 전망』, 제21회 호남고고학회 학술대회.

이종철, 2002, 「湖南地域 松菊里型 住居文化」, 『韓國上古史學報』第36號, 韓國上古史學會.

이종철, 2016, 『청동기시대 송국리형문화의 전개와 취락 체계』, 진인진.

이종철, 2019, 「청동기시대 송국리형문화의 취락사회와 사회발전단계」, 『청동기─초기철기시대 정치·사회 변동』, 국립청주박물관·한국청동기학회 공동 학술 심포지엄.

李眞旼, 2004, 「중부 지역 역삼동유형과 송국리유형의 관계에 대한 일 고찰─역삼동유형의 하한에 주목하여─」, 『韓國考古學報』 54, 韓國考古學會.

李淸圭, 1988, 「南韓地方 無文土器文化의 展開와 孔列土器文化의 位置」, 『韓國上古史學報』 創刊號, 韓國上古史學會.

李弘鍾, 2002, 「松菊里文化의 時空的 展開」, 『湖西考古學』 第6·7輯, 湖西考古學會.

趙現鐘, 2000, 「農工具의 變遷과 生産量의 增大─稻作과 관련하여─」, 『韓國 古代의 稻作文化』, 국립중앙박물관.

韓國考古學會, 1974, 「資料紹介 1. 扶餘松菊里出土一括遺物」, 『考古學』 第三輯.

* 본 글은 2020년 국립청주박물관 특별전의 전시도록인 『한국의 청동기문화』에 게재된 것이다.

송국리형문화 단계의 취락사회와 취락구성
-송국리유형·천전리유형·검단리유형을 중심으로-

I. 머리말

우리나라의 청동기시대는 물질문화상으로 무문토기의 제작과 보편화, 청동기의 제작과 유통(확산), 석기 제작의 발달과 보편화를 특징으로 한다. 그리고 문화적으로는 정주취락의 형성과 발전, 지역문화(고고학적 유형)의 정착과 파급, 농경의 발달, 위계의 형성과 사회의 구조화를 특징으로 삼을 수 있다.

청동기시대에는 각 지역마다 지역문화 또는 지역양식화된 고고학적 유형들이 존재한다. 즉 미사리유형, 가락동·역삼동·흔암리유형, 송국리·천전리·검단리유형, 수석리유형 등이다. 이 유형들은 시간성도 반영하고 있다. 이외에 각 지역의 문화적 전통을 계승하여 변이된 다양한 亞유형들도 제시되

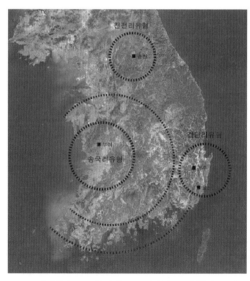

그림 1 천천리(上)·송국리(左)·검단리(右)유형의 공간적 위치

고 있다.

본 글은 송국리형문화 단계에 지역적으로 형성·발전해가는 서로 다른 주요 취락사회를 비교하여 살펴봄으로써 취락구성의 전통성과 그 내부에 존재하는 메커니즘(mechanism)을 파악하는 데 목적이 있다. 그 대상은 송국리유형·천전리유형·검단리유형에 해당한다(그림 1).

송국리유형·천전리유형·검단리유형이 형성되어 병존하던 시기를 중심으로 각 유형이 대표하는 취락사회의 성격과 취락의 구성에 대해 두 가지 목적을 중심으로 살펴보고자 한다. 하나는 각 유형이 갖는 지역적 분포와 문화적 성격을 파악한 후 취락사회의 성격과 구성적 특징을 도출하는 것이다. 다른 하나는 지역을 달리하여 발전했던 각 취락사회의 同異메커니즘[1]을 파악하는 것이다. 이를 통해 세 고고학적 유형의 취락 공간 활용에 대한 이해와 취락사회의 해상도를 좀 더 높여 보고자 한다.

---

1 同異메커니즘(Common & Different Mechanism)은 각 취락사회를 비교하여 공통점과 차이점을 추출하는 데 사용하기 위한 造語이다. 공통점과 차이점을 만들어내는 취락 내 어떠한 원리나 구조를 파악해야만 외형적으로 나타나는 공통점과 차이점을 설명할 수 있기 때문이다. 비록 메커니즘이 복합적 체계로서 원인과 결과에 의한 움직임의 집합인 동시에 그 움직임들이 체계를 이루는 부분들의 연속적인 과정과 연결의 결과일지라도, 다양한 인과유관성을 설명하는 데 메커니즘의 존재나 그에 대한 기술만으로는 충분하지 않을 수도 있다(김준성 2007). 그러나 세부적인 변수를 알지 못하는 한 합리적 추론을 위한 원인과 결과를 설정하기 위해서는 불가피하다는 판단이 든다.

II. 연구의 필요성과 대상

1. 연구 필요성

최근까지 청동기시대의 연구는 지역성에 기반한 단일 유형(또는 문화)에 대한 집중적인 연구가 대부분이었다. 이러다 보니 서로 다른 유형(문화)에 대한 상호 비교가 적을 수밖에 없었고, 동일 시대의 취락들을 서로 견주어 볼 수 있는 기회 역시 적었던 것이 사실이다. 천전리유형과 송국리유형 간 비교(김권중 2005), 검단리유형과 송국리유형 간 비교(이수홍 2012) 연구는 이러한 한계 속에서 좀 더 확장된 연구로 삼을 만하다.

지역을 달리하면서 문화적 전통성이 서로 다른 3개의 고고학적 유형 간 비교는 거의 없었다. 이상의 세 유형은 ① 상대적으로 같은 시간축을 공유하고 있지만, ② 형성된 중심지와 물질문화적 구성이 서로 다르기 때문에 공간과 시간을 축으로 취락사회의 형성과 구성에 대한 비교가 용이하고, 나아가 ③ 취락사회의 성격을 달리하거나 공통되는 동인이 무엇인지에 대해서도 해상도 높은 대비가 가능하다. 무엇보다도 ④ 세 유형의 취락사회가 갖는 문화적 특성을 통해 同異메커니즘을 추출하는 것은 지역적으로 분포하는 청동기시대 취락사회의 전통성과 정체성을 연구하는 데 적지 않은 의미를 제공해 줄 것이라 생각된다[2].

---

2 이러한 논지 전개를 위해서는 한 가지 짚고 가야할 개념이 있다. ○○○유형과 ○○○형문화에 대한 것이다. 일각에서는 두 용어를 동일한 개념으로 사용하기도 하지만, 발표자는 시간의 흐름과 문화변동을 간과해서는 안 된다는 입장에

이에 본 글에서는 ① 문화적 전통성, ② 취락 입지, ③ 취락구성, ④ 인적 구성, ⑤ 사회구조, ⑥ 생업경제, ⑦ 상징과 제의를 비교 지표로 설정하여 살펴보기로 하겠다.

2. 연구 대상

대상으로 삼은 송국리유형, 천전리유형, 검단리유형의 고고학적 양상을 압축하여 정리하면 표 1, 표 2, 표 3과 같다.

서 문화의 심층구조와 표층구조 및 그러한 순수체와 복합체의 존재를 서로 구별할 필요가 있다고 본다. 이에 ○○○유형은 다른 고고학적 물질문화와 변별력을 가짐으로써 서로 구별될 수 있는 독립성을 갖는 순수체로, ○○○형문화는 순수체[또는 유형]를 중심으로 다양한 변형·유입문화요소들이 복합되어 있는 총체로 이해하는 것이 좀 더 적절하지 않을까 한다(이종철 2015:46~49). 그러나 본문에 제시하는 '○○○유형 취락사회'는 취락이 갖는 순수한 속성을 대표하는 것이기는 하지만 좀 더 넓은 시각에서 ○○○형문화로 이해할 수 있는 개념 또는 시각의 확장을 염두해 둔 것임을 밝혀둔다. 즉 ○○○유형의 대표성을 가지기는 하지만 취락사회라는 광의적 성격 때문에 불가피하게 ○○○형문화적 관점이 내포될 수밖에 없다는 것이다. 이러한 관점에서 발표자는 우리나라 청동기시대 전기 단계에 시간적·공간적 축을 형성하고 있는 가락동유형, 역삼동유형, 흔암리유형이 송국리형문화와 같이 '○○○형문화'로 확장되기를 기대한다. 특히 흔암리유형은 두 유형에 비해 문화적 실체로서의 성격이 상대적으로 불분명(김장석 2001)하고, 역삼동유형과의 강한 친연성(이형원 2009)을 간과할 수는 없겠지만 흔암리유형의 문화변동 과정은 시간을 두고 지켜볼 필요가 있다고 본다.

표 1 송국리유형 취락사회의 고고학적 양상(이종철 2015)

구분		송국리형문화		
		순수문화요소(심층)	변형 · 유입문화요소(표층)	
취락 분포		금강 하류역 일원-호남 지역 확장	남한 지역	
취락 구성	주거	송국리형주거	송국리식토기+방형계 · 원형계 주거 구순각목문 · 공열문토기+송국리형주거 점토대토기+송국리형주거	
		송국리형주거+송국리식토기+방형계 또는 송국리식토기+원형계 주거 일부		
	무덤	석관묘. 석개토광묘, 옹관묘	지석묘(석곽묘 포함)	
	생업	논농사, 밭농사	밭농사	
물질 문화	토기	송국리식토기, 심발형토기	구순각목문+송국리식토기, 심발형토기, 직립구연호, 구순각목문토기, 공열문토기, 점토대토기 등	
		플라스크형 · 외반구연발형 · 말각평저형 적색마연토기	적색마연 원저단경호 등	
	석기	목병식석검, 유구석부, 삼각형석도, 석검	일단병식석검, 일단경식석촉	유절이단병식석검, 유절일단병식석검
			편인석부, 양인석부, 유단석부 등	
	청동기	(?)	유구경 요령식동검, 선형동부 등	

표 2 천전리유형 취락사회의 고고학적 양상(김권중 2005, 2008, 2017)

구분		천전리유형
취락 분포		강원 영서의 북한강유역(춘천 · 화천 일원 등)
취락구성	주거	방형 · 장방형계의 천전리식주거*
		토광형노지, 열주식기둥, 작업공+이색점토다짐구역*
	무덤	지석묘, 석관묘
	생계체계	밭농사, 함정사냥
물질문화	토기	공열토기, 적색마연토기, 호형토기,
	석기	반월형석도, 유구석부, 유엽식석촉[일체형석촉]
	청동기	(?)

표 3 검단리유형 취락사회의 고고학적 양상(배진성 2005, 이수홍 2012)

구분		검단리유형
취락 분포		한반도 동남해안 지역(울산-경주-포항 일원)
취락구성	주거 주거	방형 · 장방형계 울산식주거[연암동형주거*]
		단수 노지, 벽구, 배수구, 주구
	무덤	소형 석관묘, 주구묘*, 지석묘, 세골장
	생계체계	밭농사, 논농사
물질문화	토기	검단리식토기*, 적색마연토기
	석기	동북형석도*, 원통형어망추
	청동기	없음

Ⅲ. 취락사회의 성격과 취락구성 비교

1. 문화적 전통성

표 4 문화적 전통성

송국리유형 취락사회	천전리유형 취락사회	검단리유형 취락사회
전기문화 계승? –非역삼동계 · 非가락동계 · 非흔암리계적 성격 외래유입? 기원지 불명이나 설득력有	한강 유역 역삼동유형 취락사회의 영향으로 형성. 공열토기문화(역삼동유형) 전통을 늦게까지 유지했던 북한강 유역의 지역 문화–토착화.	전국적인 분포를 보이던 흔암리유형이 한반도 동남해안 지역에서 변이과정을 거쳐 형성된 지역문화–토착화
금강 하류역 출현 · 형성 호서 이남과 호남 지역이 중심지	춘천 및 화천 등 강원 영서 북한강 유역의 내륙 분지에 형성 : 하천	포항–경주–울산 일원에 집중 분포 : 한반도 동남해안 지역
전기 문화와 상호 교류–금강北, 영남. 점토대토기문화와도 접촉＋복합 –대규모 마을 형성(삼양동)	송국리형문화와 접촉 점토대토기문화 단계까지 존속 –대규모 마을 형성(문막리, 철정리Ⅲ)	동북 지역과의 교류–파수부 발형토기, 동북형석도. 송국리형문화와 접촉(김해–양산–울산–부산 일원). 점토대토기문화와도 접촉.
송국리형주거 새롭게 출현, 송국리식토기 · 적색마연토기(3종), 삼각형석도 · 유구석부, 석관묘 · 석개토광묘 · 옹관묘, 지석묘를 중심 묘제화, 논과 밭을 활용한 농경, 유구경의 요령식동검 · 선형동부 등 청동기의 유통과 소비, 제전(祭殿 : 고상가옥)의 축조와 취락의 례 성행	기존 주거 형태에 작업공 · 이색 점토다짐 구역 조성 유행, 공열토기, 구순각목문＋공열토기, 적색마연토기, 호형토기, 유구석부*, 주형석도, 일체형석촉 등	울산형(식)주거, 검단리식토기(공열문, 단사선문, 낟알문 · 횡선문 구성), 적색마연토기, 동북형석도, 원통형토제어망추, 일단병식검, 유경식석검, 일단경식석촉, 유구석부, 석창 등
보편성(전국 분포) · 파급성(전국, 제주, 일본) · 전통성(기원전 9~기원후 4세기(제주) 내외)	전통성, 집단성, 안정성(靜的) 등	전통성, 집단성, 국지적 폐쇄성, 안정성(靜的) 등

2. 취락의 입지

표 5 취락의 입지

송국리유형 취락사회	천전리유형 취락사회	검단리유형 취락사회
구릉, 야산의 경사면, 평지 등 다양한 입지. 구릉지대와 평지(충적대지) 활용 주목(보령 관창리, 부여 송국리, 나주 운곡동, 진주 대평리 등). 한반도의 자연 지형에 전략적으로 적응-백두대간 서쪽은 구릉과 평지(충적대지 포함), 동쪽은 산악 분지와 하천변 충적대지	非송국리형문화권에 위치-독자적 점유지. 내륙 분지 및 하천의 충적대지에 대규모로 형성(춘천 천전리·중도, 화천 용암리 등). 강의 흐름과 등고선에 평행하여 주거 분포(화천 용암리, 춘천 천전리 등)	非송국리형문화권에 위치-독자적 점유지. 야산의 경사면, 구릉 입지-짧은 하천, 크고 작은 구릉 발달
거점취락이 구릉지대와 충적대지에 입지(구릉지대-보령 관창리, 부여 송국리 등, 충적대지-장흥 신풍·갈두, 진주 대평리 등)	2~4회에 걸친 반복적 취락 점유-자연 자원 확보 용이 및 안정된 식량생산 기반 지역	대규모 취락들은 대부분 울산 지역 일원에 조성 : 구릉
주거영역, 매장영역, 생산영역 등의 구분/+저장(보관) + 의례 공간	주거영역 내 주거의 집중화. 주거·매장영역 분리(천전리·철정리III)	주거영역, 매장영역, 생산영역 등의 공간 구분(상대적)

3. 취락 구성

표 6 취락 구성

송국리유형 취락사회	천전리유형 취락사회	검단리유형 취락사회
대·중·소규모의 취락 형성-각각의 지역에서 다양한 적응방식 전국적으로 중·소규모의 취락사회가 보편적, 구릉과 평지에서 10여 기 내외로 이루어진 취락 성행	내륙분지의 충적대지에 대규모 취락 형성-춘천, 화천. 취락의 밀집도 매우 높음. 춘천 중도-최대 규모의 마을	대·중·소규모의 취락 형성-구릉과 평지에 집중적으로 입지. 울산 지역에 대규모 취락 집중, 포항 및 경주 지역에는 일반적 경향. 세장방형의 (초)대형 주거의 전통 소멸, 울산형(식)주거 성행-주거 문화의 획일적 성격

송국리유형 취락사회	천전리유형 취락사회	검단리유형 취락사회
거점취락과 일반취락의 존재-규모의 거대화, 주거의 환상열·종횡열 분포, 영역 구분, 매장지의 기획화, 집단묘와 개인묘의 구분, 농경의 정착, 취락의례[제의] : 취락설계*	세장방형·장방형·방형계 중 장방형과 방형이 대종을 이룸, 원형 플랜 없음. 주거 간 밀집도 높음-반복적 점유. 주거군의 열상분포.	구릉에서 등고선 따라 열상분포(매곡동) 및 군집분포(천상리), 공터 존재 1취락 10~20기 내외의 주거군 형성 -(대)·중·소형 주거 조합
환호취락(진주 대평리, 산청 사월리, 창원 남산리 등 주로 영남 지역)	환호(천전리?)	환호취락(검단리, 천상리, 연암동, 명산리 등)-주거의 수는 적은 편
원형·방형 송국리형주거, 순수 방형계·원형계와 함께 조성되기도 함. 기본형, 4주형, 복합형(증축·확장형, 보강형) 초대형(50㎡ 내외), 대형(35~40㎡ 내외), 중형(30~15㎡내외), 소형(10㎡ 내외)으로 구분	천전리식주거 : 대형·중형·소형 중 중형과 소형의 방형 주거 증가, 대부분 원형 또는 타원형의 무시설식 토광형 노, 작업공, 이색 점토다짐 구역 성행. 대형 55~102㎡, 중형 22~43㎡, 소형 7~30㎡-중형 25~30㎡, 소형 10~25㎡에 집중. 내부 공간에 대한 획일적 분리-노 1개 / 작업공·이색 점토다짐 구역(소비/생산)	울산형(식)주거지 : 4·6·8주식의 방형·장방형 플랜+노지1+벽구+배수구. 연암동형주거지 : 울산형(식)주거+외곽주구.
송국리형주거, 굴립주건물, 고상가옥, 수혈유구, 구상유구, 환호, 목책시설, 토기 요, 야외 노 등 다양한 구성요소	천전리식주거, 굴립주건물, 수혈유구, 구상유구, 함정유구 등	울산형(식)주거, 연암동형주거, 구상유구, 수혈유구 등
무덤 축조의 기획화* 지석묘, 석관묘, 석개토광묘, 옹관묘 등	지석묘와 석관묘가 중심 묘제, 주구묘, 토광묘 : 석관묘에서 2차장 존재 주구묘 축조의 기획화(천전리)	지석묘의 보편성, 주구묘, 토광묘, (할석형·판석형)석관묘, 소형석관묘(4벽 각 1매 판석)의 유행, 주구묘와 지석묘에서 매장주체부의 지상화 현상, 2차장의 유행(?)

4. 인적 구성

표 7 인적 구성

송국리유형 취락사회	천전리유형 취락사회	검단리유형 취락사회
3~5기 내외의 주거 밀집 양상-세대공동체	대형 주거 급감, 소형 주거는 급증, 중형 주거 약간 감소세	10~20기 내외의 주거군. 울산형(식)주거의 증가와 보편화
거처방식에 따른 가족 구성의 분화 : 소형·중형多	주거의 소형화≒주거 거처의 분화≒주거 내 인적 구성의 분화	울산형(식)주거=단독세대 거주 주거 -4주식은 부부 또는 부부+1자녀, -6주식은 부부+자녀(소년 또는 영유아)1~2, -8주식은 부부+자녀(소년 또는 영유아)2~3(김현식 2006)

5. 사회구조

표 8 사회구조

송국리유형 취락사회	천전리유형 취락사회	검단리유형 취락사회
취락 내 위계의 존재 -주거영역에서 위계의 가시적 표현은 무형적 가치체계에 의존, 매장영역에서는 무형의 위계체계가 무덤의 형식과 매장영역의 조직적인 축조에 반영. 석기제작 전문집단의 존재(대평리)	대규모 굴립주건물과 주거군의 분리. 평지성 취락의 반복적 점유(조직성). 석기제작 전문 주거의 밀집-생산 전문 영역의 존재(?).	주거군 내 우열(위계) 존재 -주거 면적의 차이 -성형석부 등 출토(신정동) -유력개인·유력세대 등장 -환호의 축조 : 조직성
매장영역-유력한 개인묘나 세대공동체의 무덤 축조, 기획적·체계적인 집단묘 조성. 요령식동검, 석검, 옥 등 위세품 부장.	무덤의 집단묘화-취락의 장기화 : 공동체적 성격. 묘역식 지석묘와 축조 배치(중도)-주거지에서 동검·동부 출토 : 유력자(?)	세골장·가옥장(화장?)·2차장 존재. 요령식동검 없음.

6. 생업경제

표 9 생업경제

송국리유형 취락사회	천전리유형 취락사회	검단리유형 취락사회
논농사(마전, 평거동, 금천리 등)와 밭농사(여의곡, 대평리 등) 중심-벼, 곡물 특정 생산전문집단 존재(토기,석기)	밭농사?(구상경작유구 : 천전리 · 중도) 옥내외 수혈식 저장시설의 증가-잉여생산물 증가. 석기 제작 특화	논농사(계단식 논 : 야음동 · 화정동, 바둑판식 논 : 옥현 · 발리 · 서부리 남천 · 굴화리 생기들), 밭농사(입암리). 논은 구릉 사면 말단부와 곡부 활용-상대적으로 소규모
유구석부 · 삼각형석도 제작 · 사용 활발 석겸[돌낫]의 희소성(부여 송국리1(집), 곡성 현정리1(무덤), 장흥 갈두1(집) 등). 수렵 및 어로.	유구석부, 주형석도, 일체형 석촉 등. 함정을 통한 수렵(천전리), 어로.	유구석부(야음동), 어로 활동-원통형 토제어망추 함정을 통한 수렵(울산 상연암 · 입암리 · 옥동 등). 동북형석도

7. 상징과 제의

표 10 상징과 제의

송국리유형 취락사회	천전리유형 취락사회	검단리유형 취락사회
다양한 목적의 의례나 제의 존재-祭殿(부여 송국리 · 사천 이금동 등), 선상열주(송국리) 입대목 제의[3](진안 여의곡 · 고흥 한천), 파쇄토기편+쇄석+파쇄석기편 집중 유구: 지석묘 축조 장송의례 등, 수변의례(대구 동천동) 등	공헌의례(?)-천전리 6호주구묘	환호의 상징성-제의와 제장 입대목 제의 및 의례시설-울산 덕신리572-6 : 고흥 한천과 유사한 구조
암각화 : 마제석검과 사람(여수 오림동 지석묘 상석), 종횡집선문(나주 운곡동 채석장 및 지석묘 상석)	(?)	부리형석기-돼지 공헌 의례(?)

---

3 입대목 제의는 立大木을 설정하여 제의와 합성한 造語로서 우리가 알고 있는 솟대 이전에 존재했을 것으로 추정되는 청동기시대 의례 중 하나이다. 『三國志』 「東夷傳의 韓傳」에 기록된 소도의 「立大木縣鈴鼓」에서 연원을 찾은 것으로, 그 원초적 형태 및 제의로서 제시한 것이다(이종철 2015a · b)

Ⅳ. 지역의 취락사회와 同異메커니즘

1. 일반적 결과 도출

이상에서 살펴본 바와 같이 세 유형의 취락사회는 애초부터 형성과 성장의 메커니즘이 달랐을 가능성이 매우 높다. 즉 거의 같은 시간축에 기존의 역삼동유형 및 흔암리유형과 그들의 변화형, 그리고 이미 성장 가속이 붙은 또는 새롭게 등장한 또 다른 유형인 송국리유형이 존재하고 있었음을 말해주는 것이다.

세 유형은 스스로 계승했던 문화적 전통성에 의해 서로 다른 메커니즘을 보유할 수밖에 없었다고 판단된다. 주거, 무덤(葬法), 물질문화 등에서 이러한 정황을 확인할 수 있다.

한편 환경적 적응 및 문화변동 과정에서 정도의 차이는 있지만 공통의 메커니즘이 존재하였음을 알 수 있다. 농경, 수렵, 어로, 거주 방식(세대별 가족 분화), 유구석부와 삼각형석도와 같은 특정 유물(교류)과 환호와 같은 유구 등을 통해 추정해볼 수 있다.

2. 同異메커니즘의 추출

필자는 세 유형의 문화적 공통점과 차이점을 설명하기 위해 同異메커니즘을 설정하였다. 이를 바탕으로 세 유형이 좀 더 분명하게 설명될 수 있을 것으로 기대한다.

同메커니즘에 따른 문화적 공통점은 다음과 같다.

첫째, 농경의 인식과 보편화이다. 세 유형의 취락에서 벼를 비롯한 밀, 기장, 조, 보리, 콩, 팥 등의 곡물 흔적을 통해 논농사와 밭농사의 존재가 확인되었기 때문이다. 즉 공통의 농경문화를 향유했기 때문에 공통적으로 수반되는 문화요소들이 발견되는 것은 자연스러운 현상이라고 할 수 있다.

둘째, 세 유형은 전통적으로 농경에 기반했던 문화였지만 시간적·공간적 배경 속에서 지역적 차이를 가질 수밖에 없었다. 즉 공통의 농경문화라고 하더라도 지역에 따른 환경적 차이 때문에 세부적인 지역차가 존재할 수 있다는 것이다.

셋째, 송국리형문화 단계 중 대략 기원전 9~8세기 전후에 주거방식에서 공통의 메커니즘이 작용했을 가능성이 높다. 가족의 분화는 주거 규모의 축소로 이어졌고, 이러한 변화는 단위주거 면적의 정형화(≒표준화)로 굳어졌을 가능성이 있다. 다만, 가족의 분화가 주거의 축소로 인해 발생한 것인지 또는 가족이 분화될 수밖에 없는 요인들이 생겨나면서 주거의 축소를 초래했는지는 분명하게 알 수는 없다. 이는 앞으로 이원적 관점에서 살펴보아야 할 대목이다.

이러한 가족의 분화에 대해 다음과 같은 가설을 제안해본다. 기원전 9~8세기를 전후하여 기후 온난화[4] 현상이 발생했을 개연성이 있다. 이로 인해 가용자연자원이 증대되면서 부모세대에 대한 의지(依支)가 감소하게 되고 동시에 집단적 생활 패턴으로부터의 탈피가

---

4 이 시기에 기후 온난화나 한랭화에 대한 직접적인 자료는 없다. 그러나 주거 내 반드시 존재해왔던 노(爐)를 채용하지 않는 (남방적 경향을 보이는)송국리형주거가 대규모로 출현하고 지역적 보편성을 갖는 점, 수백 년 동안 그 전통성이 유지된 점은 방한(防寒)에 적응된 세·장방형계 주거집단과는 현저한 차이를 보이는 점이다. 앞으로 기후환경적 자료를 보완해가도록 하겠다.

좀 더 효율적이라는 결론이 팽배해졌을 수 있다. 이러한 결과는 집단 동일주거(복수 노지)의 강박을 약화시킴으로써 결국 가족의 분화(단수 노지)를 초래했고, 단위주거의 독립이 증가하게 되었을 뿐만 아니라 주거면적의 축소(단위주거 면적의 표준화)로 이어지게 된 것이다. 이러한 사회적·문화적 현상은 취락 내 주거 밀집도 증가로 나타나게 되었다고 사료된다.

만약 이러한 분화현상이 기후 온난화와 관련이 없었다면, 한정된 자원의 활용은 집단적으로 이루어져야 효율적이었을 것이다. 분화 자체가 불안전성과 위험성을 내포하고 있기 때문이다. 그러한 부정적 요인이 사라졌거나 크게 감소했기 때문에 활성화의 분위기가 조성되었다고 보는 것이 타당하지 않을까 한다.

넷째, 환경 적응과 취락 입지 선정이다. 특정 환경에 대한 적극적인 선호 양상은 세 유형의 취락 모두에서 확인되지 않는다. 이것은 대부분 환경에 맞게 적응했음을 의미하는 것이다.

異메커니즘에 따른 문화적 차이점은 다음과 같다.

첫째, 취락설계와 취락구성의 체계화 정도이다. 주거군, 무덤군, 논과 밭 등 공간적 기획성 등에서의 차이를 말한다. 이러한 양상은 송국리유형 취락에서 가장 활성화되었으며, 검단리유형과 천전리유형은 상대적으로 낮은 편이다. 단위주거 전통에 기반한 사회적 체계의 영향으로 사료된다. 송국리유형에서 취락설계의 관점은 부여 송국리, 진안 여의곡, 진주 대평리, 사천 이금동에서 잘 확인된다. 검단리유형에서 영역 분리의 관점은 울산 천상리 및 매곡동 신기 유적 등에서 확인할 수 있다.

둘째, 주거 형태의 속성과 변천이다. 천전리유형과 검단리유형은 세장방형 또는 장방형계 주거에서 방형계 주거로 변화한다. 이러한 변화는 건물이 가지는 칸(間)의 독립을 말해주는 동시에 단위주거로의 분화를 의미한다. 반면 송국리유형은 원형과 방형계 주거가 지속되는데, 이것은 이미 단위주거의 정착을 말해준다. 뿐만 아니라 ① 천전리유형과 검단리유형의 전환 양상이 송국리유형과 극명한 차이를 보이는 현상이다. 특히 ② 과도적 양상을 보이는 유적이 존재하지 않는다는 점이다. 그리고 ③ 송국리유형에서 대형 주거는 대부분 원형계이고 4주식 주거 역시 대부분 원형계라는 점에서 방형계로 특화된 두 유형의 주거와는 원천적으로 차이가 있다. 무엇보다도 ④ 불의 사용에 있어 문화적인 차이가 존재한다. 천전리유형과 검단리유형은 무시설식 또는 토광식 노가 지속되면서 단위주거의 표상처럼 인식된다. 또 작업공, 저장공 등이 별도로 조성됨으로써 주거문화의 지속적인 전통성을 확인할 수 있다. 그러나 송국리유형의 주거에서는 노지가 거의 확인되지 않는다. 타원형구덩이 자체가 단위주거의 표상으로 인식되기 때문에 노지가 가지는 특성과는 차이가 있다. 이러한 차이들은 천전리·검단리유형과 송국리유형이 문화적으로 기원을 달리 한다는 증거인 것이다.

V. 맺음말

청동기시대의 취락사회는 지역의 환경에 따라 다양한 생존전략을 통해 성장·발전해갔다. 따라서 동일한 문화적 배경을 보유하고 있었더라도 시간축과 공간축을 배경으로 또 다른 형태나 속성을 가진 개체로 변이되기 마련이다. 이러한 이유 때문에 우리나라 각 지역에서는 ○○○유형이라는 새로운 개체를 만들어 내는 데 익숙한 것이다.

취락구성에 있어 기획성과 체계성 등 조직적인 양상은 상대적으로 송국리유형의 강점으로 판단된다. 공간 구성과 취락설계, 주거군의 배치, 무덤군의 배치와 축조 등에서 현격한 차이를 확인할 수 있기 때문이다. 상대적으로 눈에 잘 띤다는 것은 태생적으로 체계화의 정도가 잘 갖추어졌다는 것을 의미한다고 생각한다.

세 고고학적 유형의 속성과 同異메커니즘을 통해 볼 때 문화적 계통이 서로 달랐을 가능성이 매우 높다는 생각이 든다. 이것은 문화의 전통성과 계승성에 기인하는 것으로 판단된다. 하나의 문화에서 변혁적인 문화변동 과정의 설정은 무리일 수 있다. 앞으로 문화변동에 대한 탄력적인 적용과 해석 및 문화에 내재된 메커니즘에 대한 이해가 필요해 보인다.

참고문헌

국립중앙박물관, 1979, 『松菊里』 I.

金權中, 2005, 「北漢江流域 靑銅器時代 住居址 硏究」, 檀國大學校 大學院 碩士學位論文.

김권중, 2008, 「강원 영서지역 청동기시대 주거지와 취락 구조의 변천」, 『한일취락의 연구』, 한일취락회.

김권중, 2017,「청동기·초기철기시대 한강유역의 마을과 생업경제」,『한강유역의 마을과 생업경제』, 한강유역 신규 발굴 유물 특별전시회 연계 학술대회 발표요지, 한국매장문화재협회·한성백제박물관·문화재청.

김준성, 2007,「메커니즘이 인과성을 해명하는가? : 맥락일치원리와 인과성에 대한 메커니즘 이론의 이해의 문제」,『철학사상』제26호, 서울대학교 철학사상연구소.

金壯錫, 2001,「흔암리 유형 재고 : 기원과 연대」,『嶺南考古學』28, 嶺南考古學會.

김현식, 2006,「청동기시대 검단리유형의 형성과정과 출현배경」,『韓國上古史學報』第54號.

裵眞晟, 2005,「檢丹里類型의 成立」,『韓國上古史學報』第48號.

安在晧, 1991,「南韓 前期無文土器의 編年」, 慶北大學校 大學院 碩士學位論文.

李淸圭, 1988,「南韓地方 無文土器文化의 展開와 孔列土器文化의 位置」,『韓國上古史學報』創刊號.

李健茂, 1992,「松菊里型 住居分類試論」,『擇窩許善道先生停年記念 韓國史論叢』, 一潮閣.

李秀鴻, 2012,「靑銅器時代 檢丹里類型의 考古學的 硏究」, 釜山大學校 大學院 博士學位論文.

李宗哲, 2015a,「松菊里型文化의 聚落體制와 發展」, 全北大學校 大學院 博士學位論文.

李宗哲, 2015b,「청동기시대 立大木 祭儀에 대한 고고학적 접근」,『한국고고학보』96.

李亨源, 2009,「韓國 靑銅器時代의 聚落構造와 社會組織」, 忠南大學
　　校 大學院 博士學位論文.

* 본 글은 2018년 11월 제42회 한국고고학전국대회『토지 활용과 경관의 고고
　학』의 주제발표였던 필자의「송국리형문화 단계의 취락사회와 취락구성」을
　수정·가필한 것임을 밝혀둔다.

詩

나의 이브

나는 땅을 파며
이브를 찾는 사람

땅속 깊이
사람들 몰래
자신의 존재를 감추고 있는 얄미운 이브

나는 현세의 사람
하지만 당신, 나의 사랑 이브는
아주 먼 옛날의 연인

연인이 다칠세라 조심조심
두터운 옷을 가지런히 벗기고
떨리는 가슴으로 향해가는 시간의 門

어느 땅속 깊은 곳에서
나를 기다리는지 몰라 속태우다
눈물을 떨구며 돌아설까? 생각 수백 번

우리 님 오신다고

곳곳마다 샛노란 손수건을 달아 매지도 않고
숨바꼭질 하자는 얄미운 나의 이브

찾아 나선지 오래고 오랜 어느 날
그제서야 빙그레 웃는 하이얀 이브의 속살

−1995년 6월 4일

대지의 속삭임

아련히 바라다 뵈는
높은 산 꼭대기에
둥실 떠 있는 구름에 앉아
가슴 깊숙이 배어 있는
나의 미소를 던진다

그러더니
아무 대답도 반겨줌도 없던
세상 한 구석에서
하얀 미소가 나에게 다가와서는
"대지가 널 좋아한다더라" 한다

-1995년 6월 10일

어느 고고학도의 외침

문득
하루에도 몇 번씩
가슴 두근거리게 만드는
그대

사랑이라
말하기조차 힘든 그대는
나의 수많은 외침을
알아듣지도 못하고

난 네가 좋아지고 있다구!
늘 메아리만이
대지의 허공에
알알이 사라질 뿐

난 네가 좋아지고 있다구!
난 네가 좋아…
난 네가…
난…

-1996년 12월 1일

공허

가슴에
뻥…
하고
구멍이 났다

왕궁의 슬픈 밤

고향 떠나 시름 달래며
왕궁의 배꽃 벗삼아
저 하늘 하얗게 수 놓고
저 산마루 소쩍새
하루하루 벗 되어
고향 편지 전하네

문득
병드신 노부 생각에
나도 모르게 기와에 쓴
父[아버지]

공허한 벌판 휘돌아
멀리 멀리 흩어지는
작은 목소리에
고향 자락 끝 저 하늘자리
고개 돌려 눈물 지우네

−1995년 8월 2일

왕궁탑 홀로 서서

외로운 벌판
우뚝 서
삭풍 몰아치는 시름 달래며
딸랑딸랑
풍경소리에
위안을 찾고

아무도 찾아주지 않는
홀로된 폐허 속
고이고이 숨쉬는
어여쁜 여인의 숨결처럼
잔잔히 흐르는
그대의 눈물

아—
언제이던가?
그대 당당한 모습으로
외롭지 않던
광활한 벌판의
주인이던 때가   −1995년 8월 2일

백제의 성에서

윤향(尹向)

百濟城中百尺樓	백제의 성 가운데 백척이나 되는 누각인데
經營正值太平秋	경영의 바름이 태평한 가을녘에 상응하네
猉峯雨欺珠簾動	기린봉에 비가 요술을 부리니 구슬 꿴 발이 덩실거리고
母岳雲連畫棟浮	모악산에 구름이 모여드니 그림 같은 용마루가 떠오르네
倚柱東南臨幾郡	기둥에 의지하여 동남쪽을 바라보니 몇몇 고을에 임하고
憑欄西北望神州	난간에 기대어 서북쪽을 바라보니 신주(神州)에 이르네
登攀可美三年客	예 오른 3년 객지 생활도 가히 아름다운데
豪氣猶能漲海陬	호방한 기상은 오히려 바다 구석에까지 드리우네

『完山誌』上「樓亭」

윤향 尹向 1374~1418
본관은 파평(坡平), 시호는 소도(昭度). 고려 우왕 때 생원으로, 조선 전기의 문신이다. 이조참의, 한성부윤, 전라도관찰사, 경상좌도병마절제사 겸 계림부윤 등을 지냈다. 전라관찰사 재직 시 전주부에 속하지 않았던 현(縣), 향소부곡(鄕所部曲) 등을 전주부에 합치시켰다. _한국민족문화대백과사전

완산국

노사신(盧思愼)

完國繁華世共欽　완산국의 번영을 세상 사람들이 모두 흠모하니
滿城文物藹纓簪　성에는 문물이 가득하고 남녀 귀인이 넘쳐나네
德音遠播爭效迓　덕음(德音)이 널리 퍼져 다투어 본받고자 하니
北闕常懸奉日心　북궐에는 언제나 임금을 받드는 마음이 걸려 있네

『完山誌』上「樓亭」

노사신 盧思愼 1427~1498
본관은 교하(交河), 자는 자반(子胖), 호는 천은당(天隱堂), 시호는 문광(文匡).
1451년(문종 1)에 생원시, 1453년(단종 1)에 식년 문과에 병과로 급제하였다. 집
현전 박사, 승정원동부승지, 호조판서, 이조판서, 우의정, 좌의정, 영의정 등을
지냈다. _한국민족문화대백과사전

황방에 올라 완산을 보다 _ 종이에 먹, 72.5cm×34.9cm, 2021년

黃方山(황방산)은 전주의 서쪽을 비보하는 산이다. 동여도에는 그 자태가 잘 나타나 있다. 그러나 현재는 누런 삽살개의 상징성을 받아들여 黃尨山(황방산)이라 쓰고 풍수지리적 관점에서 의미를 부여하고 있다. 황방산은 본디 黃方으로부터 출발하는바, 중앙을 의미하는 한자라는 점에서 그 연원을 살펴볼 필요가 있어 보인다.

황방산에 올라 주변을 둘러 보니 키가 훤칠하고 건장하게 생긴 청년이 머리에 멋진 관모를 쓰고 완산칠봉에 자리하는 완산에 우뚝 올라 자신의 영토를 바라보며 큰 꿈을 그리고 있었다. 그날 완산에는 둥근 보름달이 떠 있었다. 장차 그는 고을을 완전히 통합하고 완산의 주인이 되었으리라.

황방산고(黃方山考) _ 종이에 먹, 34.8cm×136.7cm, 2020년

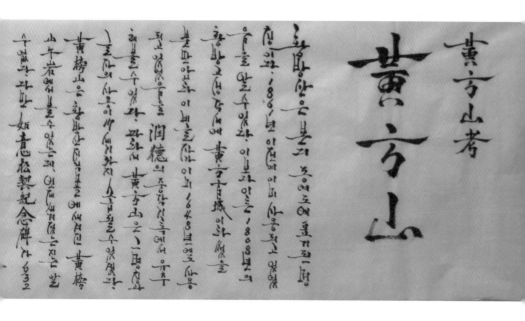

황방산은 전주의 서쪽을 아우르는 산이다. 이 산의 한자 표기는 黃方山, 黃埅山, 黃尨山, 黃榜山 등 여럿이며, 홍산(洪山), 서고산(西高山) 등으로도 불렸다. 이러한 여러 이름을 뒤로 하고 지금은 黃尨山이 권장되고 있다. 정확한 시기는 알 수 없지만, 누런 털의 살진 삽살개 형상의 황방산이 전주 서쪽의 지기(地氣)를 수호한다는 풍수지리에 근거하고 있다.

황방산에는 전주 인근에서 가장 많은 고인돌[支石墓]이 밀집 분포해 있다. 黃方은 본디 중앙을 의미한다. 청동기시대부터 황방산 일원은 완산을 대표하는 도시와 같은 마을이 존재했던 곳이다. 훗날 견훤은 완산에 도읍하여 후백제를 열었다. 황방의 의미를 되새겨 보아야 하는 이유가 된다.

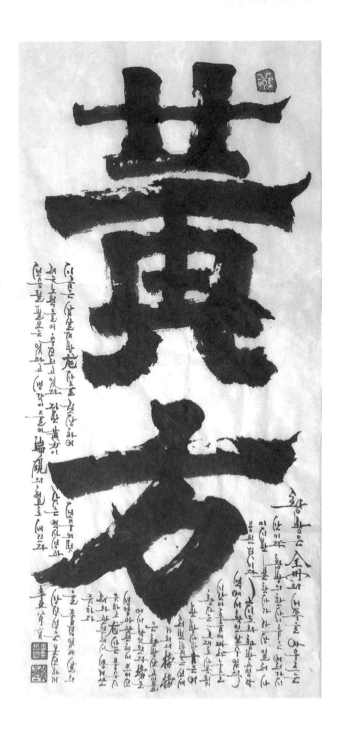

황방(黃方) _ 종이에 먹, 74.5cm×35.3cm, 2021년

황방은 방위적으로 중앙을 의미한다. 그러나 이러한 연유를 적은 기록은 아직까지 발견되지 않았다. 각 지방을 그려 놓은 고지도에서 전주 주변에 그려진 산은 북쪽에 건지산(乾止山), 동쪽에 부귀산(富貴山), 남쪽에 모악산(母岳山), 서쪽에 봉두산(鳳頭山)이다. 다만 동여도에서만큼은 황방산(黃方山)을 찾아 볼 수 있다.

가장 이른 시기까지 올라가는 명칭이 黃方山(황방산)임에도 지금은 黃尨山(황방산)으로 굳어지고 있다. 좋은 스토리 텔링이 되는 이름이기 때문에 반대할 필요는 없지만, 黃方의 역사성을 정확하게 찾지 못하여 안타까울 따름이다.

완산(完山) _ 종이에 먹, 77.5㎝×35.4㎝, 2021년

全州本百濟完山. 완산(完山)의 유래를 찾을 수 있는 유일한 기록이다. 완산은 전라북도 전주(全州)의 옛 이름으로, 그 역사는 백제 시기까지 거슬러 올라간다.

『삼국사기』에는 문무왕 12년(672년)에 완산주서(完山州誓)가, 신문왕 5년(685년)에 완산주(完山州)가 설치되었다고 적었다. 이러한 완산주는 경덕왕 16년(757년)에 전주(全州)로 바뀐다. 900년에 견훤은 완산주에 도읍하여 후백제를 세움으로써 후삼국시대를 열게 된다.

전주부의 역사와 문화를 집대성한 『완산지』에는 전주부의 진산인 건지산이 가장 먼저 등장하고, 안산에 해당하는 완산이 두 번째로 서술되어 있다. 고려 때 이규보는 남행월일기(南行月日記)에 "전주는 완산이라고도 일컫는데...소위 완산이라는 산은 나지막한 한 봉우리에 불과할 뿐인데, 한 고을의 이름이 이런 산으로부터 불리게 된 것은 참으로 이상하다"고까지 하였다.

전라감영 남쪽의 완산칠봉에 자리한 완산. 과거에는 완산칠봉의 주봉(主峰)으로 자리했던 완산. 과연 그곳에서 무슨 일이 있었던 것일까?

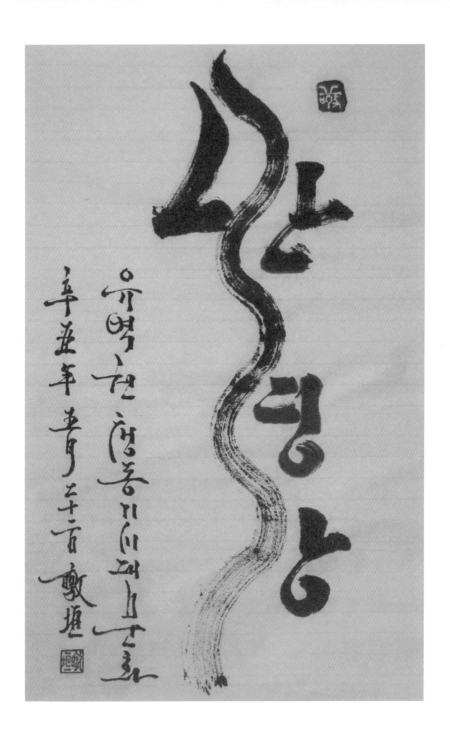

만경강 _ 종이에 먹, 64.5cm×35.1cm, 2021년

만경강은 전라북도 동쪽에서 서쪽을 가로지르는 74㎞의 전형적인 곡류하천으로, 대조(大潮) 때에는 삼례부근까지 하천 수위가 상승하는 감조하천이기도 하였다. 진안군과 완주군의 경계에 있는 운장산 자락의 동상면 사봉리 밤샘에서 발원하여 완주, 전주, 익산, 김제, 군산을 거쳐 서해로 흘러든다.

강의 상류는 산악지대를, 중류와 하류는 야트막한 구릉지대와 평야지대를 이루고 있을 뿐만 아니라 본류는 전라북도를 남북으로, 지류는 동서를 가르는 지형적 특징을 갖는다. 이러한 형세는 강의 남쪽과 북쪽에 펼쳐진 대지를 기름지게 하는 역할을 하였다.

만경萬頃은 본디 기름진 농토로 펼쳐진 드넓은 곳을 의미한다. 밭 100이랑을 뜻하는 경(頃)이 만(萬)개나 되어 100만 이랑이라는 뜻을 담고 있기 때문이다. 이랑의 모습과 사행곡류(蛇行曲流)하는 만경강의 모습을 일획의 흐름으로 표현해보았다.

청동기시대에는 황방산 일원인 전주천과 삼천 일대에 가장 발달된 마을들이 존재하였다. 특히 여의동2가에 자리하는 탄소산업단지에는 가장 체계적이면서 사회적 위계가 높은 거점 마을이 성장하고 있었다. 지금의 시각에서 보면, 가장 중심적인 도시였던 것이다. 21세기 전주 문명(文明)의 오리진이 아닐 수 없다.

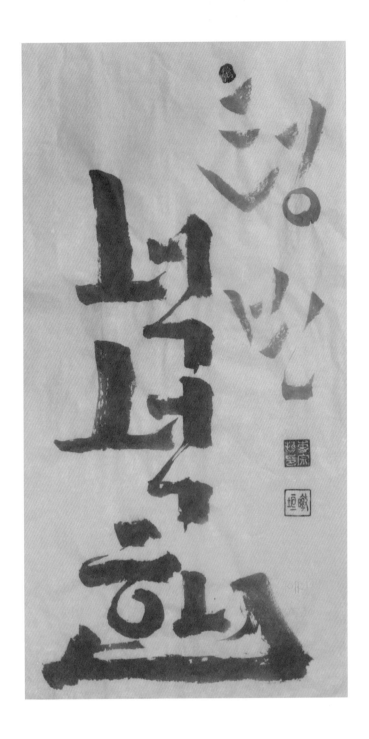

텅 빈 넉넉함 _종이에 먹, 73.3cm×36.6cm, 2021년

텅 비어 있는데 넉넉하게 채워져 있다?. 논리적으로 맞지 않는 말이다. 그러나 어느 고승(高僧)은 말씀하셨다. "비워라. 그리하면 채워질테니". 일반적인 논리로서 받아들일 수 없는 경계가 있음을 짐작하게 한다.

시간은 흐른다. 그 속에서 있던 것도 없어지고, 없던 것도 생겨난다. 지금은 하늘을 찌를 듯이 높은 건물들로 가득 차 있는 전주 만성지구와 전북혁신도시 일대, 그리고 여의동 탄소산업단지는 과거에 허허벌판이었다. 그러나 그 텅 비어 있던 공간에, 그리고 빼곡하게 들어 찬 건물들 속에 선진적인 문화를 향유했던 청동기시대와 철기시대 사람들의 움직임으로 가득 찬 광경을 그려볼 수 있다. 서로 다른 시간이 오버랩(Overlap)되는 것만큼 짜릿한 감흥도 없다.

관념은 모든 것을 가능하게 만든다. 다만 경계에서 멀어져 가면 망상이 되고, 접점에 가까워질수록 내공이 높아질 뿐이다. 카메라의 조리개를 열었다 닫았다 하면서 시공(時空)의 경계를 달리 보듯, 우리의 지나간 역사를 지금의 자리에서 오버랩 해보는 것도 텅 빈 넉넉함을 즐길 수 있는 방법이 아닐까 한다.

명경(明鏡)_종이에 먹, 62.0cm×33.0cm, 2017년

거울은 청동으로 만들어졌다. 청동기시대부터 제작되어 사용되었으나 이른 철기시대 또는 초기철기시대에 집중적으로 생산되는 경향을 보인다. 이 시기는 대략 기원전 3세기~기원 전후에 해당한다. 대부분 무덤 유적에서 출토되며, 제사장과 같은 유력자의 전유물로 추정되고 있다. 특히 기원전 2세기대로 추정되는 완주 갈동에서 2점, 신풍에서 10점, 전주 원장동에서 2점의 청동거울이 출토되어 당시 사회적 위계를 살펴볼 수 있다. 전북혁신도시는 그야말로 청동기문화의 수도라 할 만한 곳이었다.

삼국시대에는 왕릉급 무덤에서 주로 출토되는데, 공주 무령왕릉 출토품은 대표적이다. 전라북도에서도 2013년에 남원 유곡리와 두락리 고분군인 가야 무덤에서 청동거울이 출토된 적이 있다. 무덤 안에 부장할 때 붉은 칠을 뿌렸던 것이 거울에 오롯이 남아 있다. 거울에는 「의자손(宜子孫)」 명문이 있어 자손만대의 번영과 축원을 담았음을 알 수 있다.

『정관정요(貞觀政要)』에는 아꼈던 신하 위징(魏徵)의 죽음 앞에서 당 태종의 슬픔이 기록되어 있다. 「구리로 거울을 삼으면 의관을 바르게 할 수 있고, 옛일로써 거울을 삼으면 흥망의 원인을 알 수 있으며, 사람을 거울로 삼으면 잃고 얻음을 분명하게 알 수 있다」. 당 태종은 항상 그를 위해 아낌없이 간언하던 위징을 거울로 삼았던 것이다.

비상(飛上) _ 종이에 먹, 74.1cm×33.6cm, 2020년

완산의 번영을 기원하는 한 마디. 비상!

견훤은 지금의 광주광역시 일원에서 세를 키운 뒤 완산주로 옮기면서 삼국 통일의 대업이라는 꿈을 가슴에 새겼을 가능성이 높다. 그의 비상은 역사로 남아 이 땅을 밟고 살아가는 사람들에게 전해졌어야 하지만, 대부분 사라지고 남아 있지 않다.

후백제의 역사와 정체성을 수립하기 위한 각고의 노력이 전주와 완주 여러 곳에서 발동하고 있는 것은 다행한 일이 아닐 수 없다. 그들의 땀과 희망은 저 떠오르는 태양과 함께 반드시 날아 오를 것이라 기대한다.

월(月) _ 종이에 먹, 71.8cm×37.3cm, 2018년

달은 해와 더불어 인간 세상에서 오랜 역사를 함께 해왔다. 달을 대하는 동서양의 자세는 조금씩 다르지만, 차면 기울고 기울면 다시 차는 달의 변화를 지혜롭게 활용한 것은 차이가 없었다.

전주의 뛰어난 경치를 모아 놓은 완산승경(完山勝景)의 첫 시작은 기린토월(麒麟吐月)이다. 전주의 동남방에 위치하는 기린봉이 해가 저물면서 달을 토해낸다는 의미를 담고 있다. 아름다운 야경의 시작을 묘사한 것이다.

기린봉은 전주를 대표하는 여러 산 중 하나로 상서로운 기상을 담고 있다. 예로부터 기린(麒麟)의 출현은 세상에 어진 성군이 나올 전조로 알려져 있기 때문이다. 그러한 산봉우리에서 서기(瑞氣)를 내뿜으며 떠오르는 만월(滿月)은 완산의 많은 사람들에게 영감을 주기에 충분했을 것이다.

바다로 내달려 당도한 한(韓)의 땅에서 한왕(韓王)으로 군림했던 준왕에게도, 완산에서 삼국통일의 꿈을 꾸었던 견훤에게도 기린봉이 토해내는 만월은 상서로움 그 자체였을 것이다.

문자로서의 月이 활자(活字)의 경계에서 벗어나 상서로움과 자유로움의 세계로 나아가기를 바라는 마음에서 종이의 경계를 허물었다.

옹기(甕器) _ 종이에 먹, 71.7cm×37.5cm, 2018년

전주천변 옹기가게 _ 1973년 (전북대학교박물관 제공)

　전주천은 전주 시내를 가로질러 만경강으로 흘러드는 전주의 젖줄이다. 과거 전주천변에는 옹기점 또는 옹기가게가 있었다. 천변에 수많은 옹기를 쌓아 놓은 모습들을 볼 수 있었다.

　옹甕은 독이라고도 하는데, 목이 없는 길쭉한 항아리를 말한다. 좁아진 몸통의 끝 부분에 입술을 돌려 마무리한 탓에 목이 있는 호(壺)와 구분된다. 고추장이나 된장을 담아 숙성하던 항아리들이 대부분 이러한 옹 또는 독이다.

　甕이 갖는 획을 최대한 간략화하여 옹의 모양을 살려 보았고, 테이블 위 아래에 놓여진 다양한 옹기들을 활용하여 罂를 형상화하였다. 2018년 박물관 상설전시실 테마전「옹기」에 활용한 바 있다.

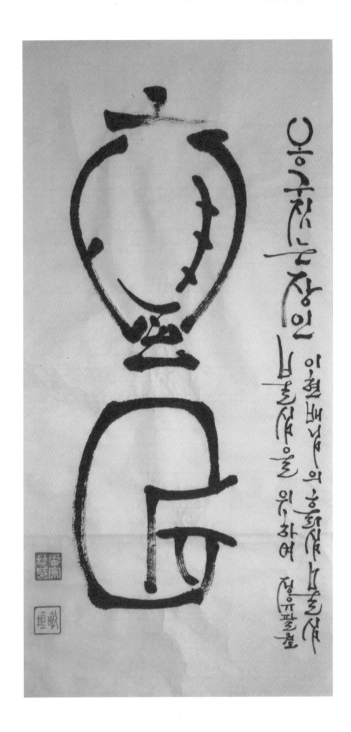

옹장(甕匠) _ 종이에 먹, 72.5cm×34.6cm, 2017년

이현배 옹기장(전라북도 무형문화재 제57호)은 진안 백운면 평장리에서 손내옹기를 운영하고 있는 옹기 장인이다. 늘 세상 사람들을 생각하며 성찰하는 작가로서 그의 작품에서는 흙 냄새, 불 냄새, 물 냄새가 난다.

그와의 첫 만남은 진안 용담댐 발굴조사 중 여의곡 유적 3호~5호 지석묘를 배경으로 함께 했었지만, 이때는 서로 알지 못하고 스쳐지나갔다. 이후 그를 만나서 인연을 쌓게 된 것은 2017년에 진안 여의곡 유적에 대한 생각을 나누기 시작하면서부터였다.

예술사랑 _ 종이에 먹, 75.0cm×31.0cm, 2019년

전라북도 전주에는 예술사랑이라는 미술품 전문업체가 있다. 주
○○ 사장님은 수십 년 동안 이 업을 해오고 계시다. 필자가 2008년
에 국립광주박물관에서 국립전주박물관으로 전출되어 왔을 때 전주
에서 처음 인연을 맺었다. 특별전과 매장문화재 인수 등으로 유물
운송을 같이 하면서 돈독한 정도 생겼다.

주 사장님은 오랜 경력과 노하우로 무장되어 있는 미술품 운송의
달인이다. 전라북도에 있는 박물관과 미술관 관계자라면 그의 도움
을 받지 않은 분이 없을 정도다. 전라북도의 문화예술을 위해서라도
그의 예술 사랑이 계속되기를 바랄 뿐이다. 이를 위해 술 자에 전북
과 전주를 상징하는 숲 자를 넣어 보았다.

산(山)_종이에 먹, 9.3cm×14.8cm, 2021년

山은 상형문자다. 형상을 그대로 문자화한 것이기 때문이다. 그래서 산은 우리에게 다양한 영감을 준다. 그 배경에 사람들마다 다르게 느끼는 쉼이 존재하기 때문이다.

네모난 먹에 먹물을 찍어 세 개의 작은 산을 만들었다. 본디 민둥산이었으나 먹물이 번져 나와 숲을 이루었다. 검정색 바탕천이 이들을 하나로 이어주니 바로 山이 되었다. 인장을 작게 붙이니 자연의 경외감이 살아난다. 자연 앞에 인간은 언제나 공손할 뿐이다. 모든 문화의 시작은 자연으로부터 비롯되었음을 깨달아야 하는 대목이다.

상 완산칠봉(完山七峯) _ 종이에 먹, 44.5cm×55.0cm, 2021년

하 위성지도로 본 완산칠봉 2010년(카카오맵, 필자 편집)

산은 자연의 형상을 따른다. 억겁의 시간 동안 여러 형상의 산들은 사람들에게 사랑을 받기도 하고, 그냥 지나치는 대상이 되기도 한다. 사람들에게 사랑받는 산에는 흥얼거림이 가득하다. 산에게는 자연의 생기뿐만 아니라 세상 사람들의 희노애락이 채워지는 찰나인 것이다.

전주에는 완산(完山)이 있다. 우뚝 솟은 봉우리 7개가 열을 지어 있다고 하여 완산칠봉(完山七峯)이라는 이름을 얻게 되었다. 많은 사람들이 이 산을 찾는다. 그들은 여기에 장군봉, 검무봉, 옥녀봉 등 다양한 의미를 붙여 역사를 만들어냈다. 완산부지도(보물 제1876호)와 전주부지도(전라북도 유형문화재 제80호)에서는 가장 높은 봉우리에 完山이라 쓰고, 봉우리 이름을 옥녀봉이라 적었다. 지금의 장군봉에 해당한다.

위성지도로 완산칠봉의 맨살을 자세히 살펴보면 완산의 신비로움을 확인할 수 있다. 완산칠봉과 일대의 봉우리들이 서로 어울려 完山의 형상을 보여주기 때문이다. 용두봉과 일대의 능선들이 갓머리[宀]를 이루고, 백운봉과 무학봉 및 장군봉을 비롯한 동서의 봉우리들이 덩실덩실 춤을 추며 으뜸원[元]을 만들어낸다. 그리고 쇠도봉, 주봉[투구봉], 곤지산이 어우러져 山을 이룬다. 완산을 결코 잊어서는 안 된다는 자연의 마지막 숨결이라도 담겨 있는 것일까? 完山을 썼지만 본 형상 그대로 그린 것과 같으니 서즉화 화즉서(書卽畵 畵卽書)가 아니고 무엇이란 말인가. 기이하고 오묘한 형상이 아닐 수 없다.

Settlements-YEOuigok _ 캔버스에 채색, 90.5cm×72.5cm, 2016년

전북 진안 용담댐 수몰지역의 여의곡 선사시대 취락을 표현한 것
이다. 송국리형주거로 이루어진 주거영역은 자연을 배경으로 삶의
현장을 부각시키기 위해 녹색 계열을 사용하였다. 밭으로 구성된 생
산영역은 땅의 기운을 나타내기 위해 옅은 갈색과 짙은 초록을 썼
다. 지석묘 등 무덤으로 이루어진 매장영역은 회색과 검정색을 사용
하여 죽음의 영역을 표현하였다. 그리고 취락의 중심에 공동체 의식
으로서의 입대목 제의를 나무 기둥으로 상징화하였다. 모든 영역은
바로 이 입대목으로 연결되어 있으며, 그들의 중심을 이룬다.

　여의곡 취락은 전라북도 동부 산악지대의 거점취락으로서 선사
시대 취락 설계의 표본으로 삼을 만한 유적이다.

전주 대정IV 취락의 입대목 제의_종이에 채색, 54.1cm×38.8cm, 2021년

지금으로부터 2400~2300년 전, 전주 평화동 대정 마을에는 청동기시대 사람들이 작은 마을을 이루어 살고 있었다. 그들은 송국리형 문화와 점토대토기문화가 복합된 문화를 향유하였다. 구릉 위에 조성된 마을은 9~10채의 집으로 이루어졌다. 집들은 공터를 애워싸는 형국이며, 공터의 한쪽에 입대목을 설치하여 제사를 지냈다. 지금의 광장과도 같은 곳이다.

　　광장에 깊은 구덩이를 파서 큰 나무를 세우고, 길다란 새의 깃털을 머리에 꽂은 유력자가 마제석검을 들고 제사를 주관한다. 유력자의 율동에 맞추어 나무에 메단 북을 리듬감 있게 연주한다. 마을 사람들은 존경과 경외감을 표하면서 제사에 감응한다. 마을 아이들은 강아지를 데리고 동무들과 사냥놀이를 하거나 전쟁놀이를 하면서 하루를 즐긴다. 젊은이 한 명은 마을의 안전을 위해 멀리서 보초를 서고 있다. 초여름 어느날 오후의 모습이다.

『高山誌』

『東國李相國集』

『東醫寶鑑』甲戌 完營 重刊本

『三國史記』

『三國遺事』

『石農畫苑』

『沃溝郡誌』

『全州府史』

『朝鮮王朝實錄』

『한국민족문화대백과사전』

『韓景洪眞蹟』

『畫苑別集』

郭東錫, 2001, 「全北 地域 佛敎美術의 흐름과 特性」, 『全羅北道의 佛
　　　敎遺蹟』, 國立全州博物館.

곽장근, 2019, 『동북아 문물교류 허브 전북』, 전북연구원 전북학연구센터.

곽장근, 2021, 『전북 고대문화 역동성』, 서경문화사.

金權中, 2005, 「北漢江流域 靑銅器時代 住居址 硏究」, 檀國大學校 大
　　　學院 碩士學位論文.

김권중, 2008, 「강원 영서지역 청동기시대 주거지와 취락 구조의 변천」,
　　　『한일취락의 연구』, 한일취락회.

김권중, 2017, 「청동기·초기철기시대 한강유역의 마을과 생업경제」, 『한강유역의 마을과 생업경제』, 한강유역 신규 발굴 유물 특별전시회 연계 학술대회 발표요지, 한국매장문화재협회·한성백제박물관·문화재청.

김규정, 2014, 「호남지역 청동기시대 취락의례」, 『호남지역 선사와 고대의 제사』, 제22회 호남고고학회 학술대회.

김규정, 2016, 「전북혁신도시 일대 청동기시대 취락」, 『고고학으로 밝혀낸 전북 혁신도시』, 제24회 호남고고학회 학술대회.

金承玉, 2001, 「錦江流域 松菊里型 墓制의 硏究」, 『韓國考古學報』 45, 韓國考古學會.

김승옥, 2016, 「전북혁신도시 부지 내 선사문화의 성격과 특징」, 『고고학으로 밝혀 낸 전북 혁신도시』, 제24회 호남고고학회 학술대회.

金壯錫, 2001, 「흔암리 유형 재고 : 기원과 연대」, 『嶺南考古學』 28, 嶺南考古學會.

金壯錫, 2003, 「충청지역 송국리유형 형성과정」, 『韓國考古學報』 51, 韓國考古學會.

金正基, 1996, 「靑銅器 및 初期鐵器時代 竪穴住居」, 『韓國考古學報』 34, 韓國考古學會.

김준성, 2007, 「메커니즘이 인과성을 해명하는가? : 맥락일치원리와 인과성에 대한 메커니즘 이론의 이해의 문제」, 『철학사상』 제26호, 서울대학교 철학사상연구소.

김현식, 2006, 「청동기시대 검단리유형의 형성과정과 출현배경」, 『韓國上古史學報』 第54號.

朴淳發, 1993, 「우리나라 初期鐵器文化의 展開過程에 대한 약간의 考察」, 『考古美術史論』3, 忠北大學校 考古美術史學科.

朴辰一, 2007, 「粘土帶土器, 그리고 靑銅器時代와 初期鐵器時代」, 『韓國靑銅器學報』創刊號, 韓國靑銅器學會.

裵眞晟, 2005, 「檢丹里類型의 成立」, 『韓國上古史學報』第48號.

安在晧, 1991, 「南韓 前期無文土器의 編年」, 慶北大學校 大學院 碩士學位論文.

安在晧, 1992, 「松菊里類型의 檢討」, 『嶺南考古學』11, 嶺南考古學會.

吳世昌, 1968, 『槿域印藪』

禹姃延, 2002, 「중서부지역 송국리복합체 연구-주거지를 중심으로-」, 『韓國考古學報』47, 韓國考古學會.

李健茂, 1992, 「松菊里型 住居分類試論」, 『擇窩許善道先生停年記念 韓國史論叢』, 一潮閣.

李健茂, 1994, 「韓國式 銅劍文化의 性格-成立背景에 대하여-」, 『東아시아의 靑銅器文化-遺物을 通하여 본 社會相-』, 文化財管理局 文化財研究所.

이건무, 2006, 「송국리유형에 대하여」, 『금강, 송국리형문화의 형성과 발전』호서·호남고고학회합동 학술대회.

李東熙, 2002, 「全南地方 支石墓 社會와 發展段階-전남 동부지역을 중심으로-」, 『湖南考古學報』15, 湖南考古學會.

李秀鴻, 2012, 「靑銅器時代 檢丹里類型의 考古學的 研究」, 釜山大學校 大學院 博士學位論文.

이영문, 2013, 「호남지역 청동기시대 조사 성과와 연구 과제」, 『호남고고학회 20년, 그 회고와 전망』, 제21회 호남고고학회 학술대회.

李宗哲, 2000, 『南韓地域 松菊里型 住居址에 대한 一考察』, 全北大學校 大學院 碩士論文.

이종철, 2002, 「湖南地域 松菊里型 住居文化」, 『韓國上古史學報』第36號, 韓國上古史學會.

이종철, 2014, 「취락의 지역상−호남·제주 지역」, 『취락 : 청동기시대의 고고학3』, 서경문화사.

李宗哲, 2015, 『松菊里型文化의 聚落體制와 發展』, 全北大學校 大學院 博士學位論文.

이종철, 2015, 「섬진강 본류역 청동기시대 취락의 분포와 특징」, 『先史와 古代』46, 韓國古代學會.

李宗哲, 2015, 「청동기시대 立大木 祭儀에 대한 고고학적 접근」, 『한국고고학보』96, 한국고고학회.

이종철, 2016, 「군산 발산리 석등의 原形에 대한 試論」, 『전북사학』49호, 전북사학회.

이종철, 2016, 『청동기시대 송국리형문화의 전개와 취락 체계』, 진인진.

이종철, 2018, 「立大木·솟대 祭儀의 등장과 전개에 대한 試論」, 『한국고고학보』106, 한국고고학회.

이종철, 2018, 「완주 鳳林寺址 三尊石佛의 훼손과 변천에 대한 試論的 考察」, 『전북사학』52호, 전북사학회.

이종철, 2019, 「청동기시대 송국리형문화의 취락사회와 사회발전단계」, 『청동기−초기철기시대 정치·사회 변동』, 국립청주박물관·한국청동기학회 공동 학술 심포지엄.

이종철, 2020, 「청동기~철기시대 전북 지역의 정치세력」, 『전북사학』58호, 전북사학회.

이종철, 2020, 「만경강유역 송국리문화와 점토대토기문화의 공존과 변화에 대한 토론」, 『철기문화 시기의 분묘와 매장』, 한국학중앙연구원.

이종철, 2020, 「완주 봉림사지의 발견과 발굴」, 『견훤, 새로운 시대를 열다』, 국립전주박물관.

이종철, 2020, 「17세기 류응원 무덤 출토 木函의 성격과 의의 : 조선시대 禳鎭重喪法의 실제」, 『호남고고학보』 65, 호남고고학회.

이종철, 2021, 「송국리형문화의 취락사회와 사회발전 양상」, 『韓國靑銅器學報』 第二十八號, 韓國靑銅器學會.

이종철, 2021, 「만경강 유역권 청동기시대 문화」, 『호남지역 청동기시대 재조명』, 국립나주문화재연구소·국립완주문화재연구소·한국청동기학회.

이종철·신민철, 2015, 「보물 제234호 군산 발산리 석등 트렌치 조사 보고」, 『完州 鳳林寺址』, 전북대학교박물관.

이종철·정다운, 2020, 「전주 황방산 일원 청동기시대 유적의 분포 현황과 특징」, 『전주 황방산 및 완주 갈동 유적 일원 유적 분포 현황 조사 보고서』, 국립완주문화재연구소.

李眞旼, 2004, 「중부 지역 역삼동유형과 송국리유형의 관계에 대한 일고찰-역삼동유형의 하한에 주목하여-」, 『韓國考古學報』 54, 韓國考古學會.

이창희, 2010, 「점토대토기의 실연대-세형동검문화의 성립과 철기의 출현 연대-」, 『文化財』 제43권·제3호, 국립문화재연구소.

李淸圭, 1988, 「南韓地方 無文土器文化의 展開와 孔列土器文化의 位置」, 『韓國上古史學報』 創刊號, 韓國上古史學會.

李淸圭, 2000, 「遼寧 本溪縣 上堡村 출토 銅劍과 土器에 대하여」, 『考古歷史學志』 16, 東亞大學校博物館.

李亨源, 2005, 「松菊里類型과 水石里類型의 接觸樣相 −中西部地域 住居遺蹟을 中心으로−」, 『湖西考古學』 12, 湖西考古學會.

李亨源, 2009, 「韓國 靑銅器時代의 聚落構造와 社會組織」, 忠南大學校 大學院 博士學位論文.

李亨源, 2011, 「中部地域 粘土帶土器文化의 時間性과 空間性」, 『湖西考古學』 24, 湖西考古學會.

李亨源, 2016, 「忠淸西海岸地域의 粘土帶土器文化 流入과 文化接變」, 『湖西考古學』 34, 湖西考古學會.

李弘鍾, 2002, 「松菊里文化의 時空的 展開」, 『湖西考古學』 第6·7輯, 湖西考古學會.

이홍종, 2006, 「무문토기와 야요이 토기의 실연대」, 『한국고고학보』 60, 한국고고학회.

趙嘉寧 註譯, 2012, 『增補万全玉匣記』, 中医古籍出版社.

趙現鐘, 2000, 「農工具의 變遷과 生産量의 增大−稻作과 관련하여」, 『韓國 古代의 稻作文化』, 국립중앙박물관.

정규홍, 2007, 『석조문화재, 그 수난의 역사』, 학연문화사.

정명호, 1992, 『석등』, 대원사.

中村大介, 2008, 「靑銅器時代와 初期鐵器時代의 編年과 年代」, 『한국고고학보』 68, 한국고고학회.

진영민, 2016, 「粘土帶土器文化의 韓半島 開始年代 再考」, 『韓國靑銅器學報』 第十八號, 韓國靑銅器學會.

陳政煥, 2010, 「後百濟 佛敎美術의 特徵과 性格」, 『東岳美術史學』 11.

차인국, 2020, 「완주 봉림사지 기와의 변천과 후백제」, 『호남고고학보』 64, 호남고고학회.

천선행, 2019, 「만경강유역 청동기시대 전기-중기 취락 조사성과」, 『만경강유역의 고고학적 성과』, 국립전주박물관·한국청동기학회.

최범호, 2016, 「삼국사기 완산주(完山州) 관련 기록의 재검토」, 『전북사학』 48, 전북사학회.

崔盛洛, 1986, 『靈巖 長川里 住居址 Ⅰ·Ⅱ』, 木浦大學校博物館.

崔聖銀, 1994, 「鳳林寺址 石造三尊佛像에 대한 考察」, 『佛敎美術研究』 1.

최완규, 2016, 「전북 혁신도시의 역사와 문화」, 『고고학으로 밝혀 낸 전북 혁신도시』, 제24회 호남고고학회 학술대회.

홍밝음, 2010, 「호남지역 청동기시대 전기 주거지의 변천과정」, 『湖南考古學報』 36, 湖南考古學會.

國立全州博物館, 2001, 『全羅北道의 佛敎遺蹟』.

國立中央博物館, 1979, 『松菊里 Ⅰ』, 國立博物館 古蹟調査報告 第十一冊.

국립중앙박물관, 1990, 『휴암리』, 국립박물관 고적조사보고 제22책.

국사편찬위원회, 2004, 『中國正史 朝鮮傳』 譯註一.

군산대학교박물관, 2013, 『완주 구암리 유적』.

군산시, 2018, 『군산 발산리 석등 및 오층석탑 정밀실측조사보고서』, 도서출판 대도.

동국대학교 중앙도서관, 『寺塔古蹟攷』.

文化財管理局 文化財研究所, 1994, 『小川敬吉調査文化財資料』.

釜山大學校博物館, 1995, 『蔚山 檢丹里 마을 遺蹟』.

완주군, 「디지털완주문화대전」.

完州郡, 1996, 『完州郡誌』, 新亞出版社.

전라도닷컴, 2012, 「심홍섭의 산골이야기」.

全羅北道, 1990, 『文化財誌』.

전라북도문화원연합회, 2015, 『전북의 돌문화』.

全北大學校博物館, 1979, 『全州·完州地域 文化財調査報告書』.

全北大學校博物館, 1992, 『全州 孝子洞 遺蹟』.

전북대학교박물관, 1993, 「서곡지구 시굴조사 결과 보고」

全北大學校博物館, 2015, 『完州 鳳林寺址』.

全北大學校博物館, 2019, 『完州 鳳林寺址』 Ⅱ.

전북문화재연구원, 2015, 『全州 東山洞 靑銅器時代 聚落』.

전주문화원, 2009, 『完譯 完山誌』

全北日報 第3619號, (1961.6.11.).

全北日報 第3621號, (1961.6.14.).

朝鮮總督府, 1942, 『朝鮮寶物古蹟調査資料』.

韓國考古學會, 1974, 「資料紹介 1. 扶餘松菊里出土一括遺物」, 『考古
        學』 第三輯.

韓國文化財保護協會, 1986, 『文化財大觀4 −寶物2 塔婆−』, 大學堂.

한국청동기학회, 2019, 『만경강유역의 고고학적 성과』, 국립전주박물관
        완주 지역특별전 기념 공동 학술대회.

한신대학교박물관, 2007, 『華城 盤松里 靑銅器時代 聚落』.

호남고고학회, 2016, 『고고학으로 밝혀 낸 전북 혁신도시』, 제24회 호남
        고고학회 학술대회.

호남문화재연구원, 2008, 『전주 마전유적(Ⅳ)』

호남문화재연구원, 2015, 『全州 東山洞遺蹟 Ⅱ -나·다·라·마·저습지-』.

黑白社, 1957, 『國寶圖錄』.

필자의 完山 관련 연구

2013, 「전주류씨 진학재공파 분묘의 변천과 특징」, 『동원학술논문집』 14, 국립중앙박물관·한국고고미술연구소.

2015, 「조선왕조실록 수호의 제1선을 지킨 사람들」, 『고궁문화』 8, 국립고궁박물관.

2015, 『완주 봉림사지』, 전북대학교박물관(공저).

2015, 「군산 발산리 석등 트렌치 조사 보고」, 『완주 봉림사지』, 전북대학교박물관(공저).

2016, 「군산 발산리 석등의 원형에 대한 시론」, 『전북사학』 49호, 전북사학회.

2018, 「완주 봉림사지 삼존석불의 훼손과 변천에 대한 시론적 고찰」, 『전북사학』 52호, 전북사학회.

2020, 「청동기~철기시대 전북 지역의 정치세력」, 『전북사학』 58호, 전북사학회.

2020, 「전주 황방산 일원 청동기시대 유적의 분포 현황과 특징」, 『전주 황방산 및 완주 갈동 유적 일원 유적 분포 현황 조사 보고서』, 국립완주문화재연구소(공저).

2020, 「17세기 류응원 무덤 출토 목함의 성격과 의의 : 조선시대 양진중상법의 실제」, 『호남고고학보』 65, 호남고고학회.

2020, 「완주 봉림사지의 발견과 발굴」, 『견훤, 새로운 시대를 열다』, 국립전주박물관.

2021, 「송국리형문화의 취락사회와 사회발전 양상」, 『한국청동기학보』

28호, 한국청동기학회.

2021, 「청동기시대 후기 立大木 祭儀 존재와 의의에 대한 試論」, 『호남고고학보』 69, 호남고고학회.

2021, 「완주 봉림사지의 미래는 없는가」, 새전북신문 칼럼(3.25)

2021, 「황방산 봄바람은 고인돌 주인들의 상춘곡」, 새전북신문 칼럼(4.22)

2021, 「2000년의 인연, 韓의 제사장과 조선 무당의 만남」, 새전북신문 칼럼(5.21)

2021, 「2600여 년 전의 여의동 탄소산업단지는 전주 문명의 오리진」, 새전북신문 칼럼(6.18)

2021, 「갑술 완영 중간본 동의보감, 1754년 발간의 근거」, 새전북신문 칼럼(7.16)

2021, 「마한의 계절 축제와 입대목 제의」, 새전북신문 칼럼(8.20)

2021, 「完山의 탄생」, 새전북신문 칼럼(9.24)